Kathrin Rüegg / Werner O. Feißt

Gewürze – Von Anis bis Zimt

Kräuter und Gewürze in der Kräuterkammer eines Schweizer Herstellers von Alpenbitter

Kathrin Rüegg/Werner O. Feißt

Gewürze

Von Anis bis Zimt

Was die Großmutter noch wußte, Band 10

Müller Rüschlikon

Einbandgestaltung: Andreas Pflaum

Titelfoto: Michael Bauer, D-76534 Baden-Baden
Fotos Rückseite und Seite 4: Heinz Jansen
Inhaltsfotos: Michael Bauer, D-76534 Baden-Baden

ISBN 3-275-01283-5

1. Auflage 1998

Lektorat: Myrta Baumberger
Herstellung: Hermann Lambrecht
Innengestaltung: IMAGO, CH-6302 Zug
Druck und Bindung:
Fotolito Longo AG, I-39100 Bozen
Printed in Italy

Inhalt

Gewürze von Werner O. Feißt

Rezepte von Kathrin Rüegg

Die Rezepte sind für 4 Personen berechnet.

Vorwort

Immer wenn ich nach Thessaloniki komme, nutze ich die Gelegenheit, den Markt zu besuchen. Er findet jeden Tag statt, in den Straßen und auf den Plätzen der unteren nördlichen Stadt, die zum Meer hin in den Hafen übergeht. Er hat mehrere Mittelpunkte. Einer ist eine niedrige Halle, in der Metzger und Fischhändler ihre Ware anbieten und wo vor allem Männer einkaufen, weil griechische Männer davon überzeugt sind, daß nur sie etwas vom Fleisch- und vom Fischeinkauf verstehen, bzw. daß dieser Einkauf zu wichtig ist, als daß man ihn den Frauen überlassen könnte.

Ein anderes Zentrum, nicht weit davon entfernt, ist der Blumenmarkt, der sich an ein uraltes türkisches Bad anlehnt, das längst seinem ursprünglichen Zweck entfremdet ist. In einem Teil gibt es Weinfässer bis zur Decke, gefüllt mit Retsina, jenem typischen griechischen Wein, der mit Pinienharz haltbar gemacht wird, und dem dieses Harz seine besondere Bekömmlichkeit schenkt.
Zwischen den Fässern kann man auf wackligen Stühlen sitzen, kann von dem Wein trinken, der aus kupfernen Maßbechern ausgeschenkt wird, und kann sich etwas zu Essen bringen lassen. Auf zwei Herdplatten stehen hohe Töpfe mit der griechischen Bohnensuppe, die als griechisches Nationalgericht gilt, und mit kleingeschnittenen Oktopodia – Tintenfischen – in Tomatensauce. Ein schweres bäuerliches Weizenbrot gibt es dazu.

Das dritte Zentrum, am nördlichsten gelegen, ist ein kleiner Platz und dort werden Oliven verkauft. Große und kleine, schwarze und grüne, glatte und schrumpelige. Solche die milchsauer vergoren sind, solche die im bitteren Saft der Pomeranze eingelegt sind, in Salzwasser und in Olivenöl. Vierzig Sorten habe ich einmal gezählt.

Und an diesem kleinen Platz hat ein Gewürzhändler seinen Laden. Säcke mit Gewürzpulver in den leuchtenden Farben Rot und Gelb stehen vor dem Laden, duften und locken Käufer an.
Gegenüber von diesem Gewürzladen gibt es ein kleines Kafenion, wo die einkaufenden und verkaufenden Männer ein Kafedaki nehmen, jenen griechischen Kaffee, der in der Türkei türkischer Kaffee genannt wird und den es in drei Versionen gibt: bitter (ohne Zucker), mittel (mit Zucker) und süß (mit sehr viel Zucker).
Ein Glas Wasser gibt es dazu und vielleicht einen Sesamkringel gegen den ärgsten Hunger. Sitzt eine Frau im Kafenion, ist sie ein Fremdkörper und eine Touristin. Nie käme es einer Griechin in den Sinn, in ein Kafenion zu gehen. Das ist Männerdomäne.
In diesem Kafenion, auf dem kleinen Platz, endet mein Rundgang über den Markt. Da sitze ich dann, ein kleines halbes Stündlein, schaue den Vorübergehenden zu.
Da kommt der Universitätsprofessor vorbei und die Hausfrau, der Pfarrer im Rasso, der Soutane, und der Polizist, die Verkäuferin, der Taxifahrer,

der Handwerker und sogar eine Nonne in ihrer kohlrabenschwarzen Tracht.
Und laut geht es zu. Da sind die Verkäufer, die ihre Ware anpreisen, da brüllt irgendwo ein Radio, da hupt ein kleiner Lieferwagen, der partout durch die Menschenmenge fahren muß, da unterhalten sich zwei quer über die Straße und der Losverkäufer weist lautstark auf die nächste Ziehung hin. Ein wichtiger Mann, denn was ein Grieche ist, der muß dem Glück eine Chance geben, was nützt sonst das schönste Glück.
Ich sitze, schlürfe meinen Kaffee und ich rieche den Duft vom Gewürzhändler gegenüber. Dann verwandelt sich die Szene, wird noch orientalischer. War nicht Thessaloniki zu Beginn unseres Jahrhunderts noch eine türkische Stadt? Stammt nicht der Schöpfer der modernen Türkei, Kemal Atatürk, aus Thessaloniki? War nicht Thessaloniki bis zu Herrn Waldheims unglücklichem Wirken in deutschem Auftrag eine jüdische Stadt?

Wieder Szenenwechsel. Das mittelalterliche Thessaloniki. Byzanz mit seiner Herrlichkeit. Fränkische Ritter, die hier nach dem langen Ritt von Mitteleuropa her dem Orient begegnen. Indische Seide, arabischer Weihrauch, Brokat aus Konstantinopel, Klingen aus Damaskus, goldenes Geschmeide aus Bagdad und Basra, Perlen vom Persischen Golf und die Wohlgerüche des Orients: Gewürze.
Und wieder wechselt die Szene. Wir sind im frühen Mittelalter, wir sind im großen römischen Reich und immer duftet es nach Zimt, nach Nelken, nach Pfeffer, nach Kurkuma. Je weiter zurück wir gehen in der Geschichte, desto höher wird der Preis für das, was man vor nicht allzulanger Zeit noch Spezereien nannte.

Ich träume mich an den Hof eines Sultans, esse von goldenen Platten kostbar gewürzte Speisen, atme den Duft ein, der aus den Schüsseln von chinesischem Porzellan aufsteigt.

Indem ich die Genüsse bedenke, an den Höfen des Mittelalters in Orient und Okzident, fällt mir ganz beiläufig ein, daß die kostbaren Gewürze mit ihrem raffinierten Geschmack auch dazu dienten, verdorbenes Fleisch eßbar zu machen in einer Zeit, da es keine Kühlschränke gab und dieselben Gewürze mit ihrer Heilwirkung die Esser solcher Speisen vor Vergiftung bewahrten. Ein klein wenig bin ich ob solch banaler Gedanken enttäuscht. Hatte ich doch den Koch des Sultans vor Augen, der in der Fülle seiner Kochkunst mal in diesen Behälter greift und in jenen, da eine Prise eines bunten Pulvers entnimmt, dort eine Messerspitze voll, mit goldenem Löffel probiert und mit einem allerletzten Stäubchen von Asant die Geschmackssymphonie abrundet.

Es hat wohl bis in unsere Zeit dauern müssen, damit die Kochkunst jene königliche Höhe erreicht hat, die sie nur erreichen kann mit gartenfrischen und schlachtfrischen Zutaten und dem jahrhundertealten Wissen um das Würzen, bei dem jedes Zuviel den Zweck verfehlt.

Ein Parfümeur, einer von denen, die man «Nasen» nennt, hat mir einmal von der Ausbildung in seinem Beruf erzählt. Dazu gehört auch eine sogenannte Harmonielehre. Die Erfahrung und das Wissen, welcher Duft sich mit welchem Duft verträgt oder eben nicht. Welcher Duft welchen Duft verstärkt, abrundet, zur Vollendung führt oder abschwächt und überdeckt. So etwas gibt es auch von den Gewürzen, zumal die Gewürze ja so sehr weit vom Parfüm gar nicht entfernt sind. Tatsächlich verwenden die Parfümeure die Düfte der Gewürze beim Komponieren des Parfüms. Das älteste Parfümrezept, das wir kennen, ist ein Weiheöl, das Moses auf Gottes Geheiß aus Duftölen mischen muß, die aus Gewürzen gemacht sind: Zimt, Cassia, Calmus.

Die Kunst der Destillateure stellt Duftöle aus vielen Gewürzen her. So ist zum Beispiel das Nelkenöl nicht nur eine Duftkomponente, sondern auch ein Heilmittel, das in der Zahnheilkunde eine wichtige Rolle spielte und spielt. Der mit Nelkenöl getränkte Wattebausch bringt im Notfall Zahnweh zum Abklingen. Das Nelkenöl ist natürlich kein Einzelfall. Fast alle Gewürze vermögen den menschlichen Körper in bestimmter Weise zu beeinflussen und können infolgedessen heilende Wirkung haben. Die Wirkung kann allerdings bei Mißbrauch auch zum Gegenteil, also zum Auftreten von Krankheitserscheinungen führen.

Spricht man vom Gesundkochen, was ja durchaus eine Möglichkeit ist, seinen Körper positiv zu beeinflussen, Krankheitserscheinungen zum Abklingen zu bringen, so darf man keinesfalls Gewürze mit ihrer Kraft außer acht lassen. Dies ist nicht zuletzt die Lehre, die man aus der Beschäftigung mit der 4000 Jahre alten indischen Medizinweisheit Ayurveda ziehen kann. Oder aus der Begegnung mit unserer großen deutschen Seherin Hildegard von Bingen, für die die Gewürze Heilkraft besaßen und besitzen. Schließlich aber kann die Kraft der Gewürze auch für magische Zwecke benutzt werden. Gewürze beeinflussen Stimmungen und Einstellungen. Sie machen Menschen sanft und heftig, sie steuern Hormone und Enzyme. Sie wecken Träume und Sehnsüchte. Sie machen offen für die Begegnung mit Menschen. Sie wecken Lebenskräfte. Sie machen zur Liebe bereit und zum Zeugen von Söhnen: Cayennepfeffer, Muskat, Safran, Vanille...

Sich auf die Welt der Gewürze einlassen bedeutet eintreten in eine Welt voller Geschichten und Geschichte, voll Abenteuer und Geheimnissen. Und man muß lernen. Der Umgang mit Gewürzen ist das Geheimnis der hohen Kochkunst und er ist nur erlernbar durch das eigene Probieren, die eigene Erfahrung, die einem niemand ersparen kann. Gewürze sind ein Geschenk der Götter an die Menschen, vielleicht, um den Duft einer besseren Welt zu verbreiten – als Hoffnung und als Ziel.

Werner O. Feißt

Anis

Für mich ganz persönlich ist Anis das, was meine Frau nicht mag. Selbst etwas so Schwarzwälderisches wie Springerle werden von ihr ohne das übliche Anisgewürz, auf das man ja ganz einfach die ungebackenen Teigstücke legt, hergestellt.
Mit Ouzo, dem griechischen Anisschnaps, mit Raki, seinem türkischen Bruder, mit dem französischen Anisette, Ricard, Pernot kann ich sie jagen, trotz aller Liebe zur französischen Küche. Schwierigkeiten hat sie mit bestimmten Gesundheitstees, die Anis enthalten und Medikamenten, denen Anis oder Anisöl beigefügt wird, um den unangenehmen Medizingeschmack zu übertönen, z.B. Hustenmitteln. Daß sie Zahnpasta und Mundtropfen und Seife nicht mag, die nach Anis schmecken oder duften, ist ganz selbstverständlich.
Ein Glück, daß sie wenigstens Lebkuchen und Gewürzbrot ißt. Auch gegen süßsauer eingelegte Gurken und Heringe hat sie nichts einzuwenden. So hat die Schwäche meiner Frau mir eine breite Kenntnis dessen vermittelt, was alles mit Anis gewürzt bzw. parfümiert wird.
Dabei hat meine Frau Glück, denn heute ist Anis in der Küche eigentlich nur noch an Weih-

Anis

nachten anzutreffen. Im Mittelalter war Anis ein Modegewürz, mit dem von der Suppe bis zur Nachspeise, über das Fleisch und das Gemüse fast alles gewürzt wurde. Fast so, wie in unseren Tagen manche Leute das Würzen mit Dill übertreiben.

Anis ist der Samen einer verhältnismäßig kleinen Pflanze, die zu den Doldenblütengewächsen gehört. Merkwürdig ist, daß die bodennahen Blätter fast rund oder eiförmig sind mit einem gezahnten Rand. Je weiter es nach oben geht, desto mehr verwandeln sich die Blätter, bis sie schließlich unmittelbar vor den Blütendolden aussehen wie die Blätter einer gänzlich anderen Pflanze, nämlich zart und feingliedrig. Die Dolden tragen unzählige weiße aber auch rosafarbene Blütchen, aus denen sich jeweils ein Samenkorn, sprich Aniskorn, entwickelt. Wo der Anis daheim ist, hat man nie herausbekommen. Es gibt keine Wildform (oder gibt es keine Kulturform?).

Im Mittelalter hat man versucht, den Anis auch bei uns anzubauen. Aber unser Klima war zu kalt. Und so kommt der Anis halt von dort, wo er immer hergekommen ist: aus dem östlichen Mittelmeer. Wahrscheinlich ist er in Griechenland daheim. Die Griechen haben ihn jedenfalls früh benutzt, um zu würzen. Die Ärzte der Griechen und Römer haben ihn als entkrampfendes und anregendes Heilmittel verwendet, das bei Erkältungen schleimlösend wirkt. Dann aber soll der Anis noch eine andere Wirkung haben. Der Anis gilt als Aphrodisiakum.

In vielen Gegenden bereiteten im Herbst, wenn die Arbeit auf den Feldern getan war, die Frauen ihren Männern ein Getränk aus Anis. Die Folge waren die neugeborenen Kinder im darauffolgenden Sommer. Im Harem der Araber und Türken war Anis groß in Mode. Die Damen kauten ihn auch für einen frischen Atem.
Auf Zypern war ich irgendwann im Haus des Bürgermeisters eines kleinen Dorfes zu Gast. An diesem Tag haben sich bei Bürgermeisters die Frauen der Nachbarschaft versammelt, um gemeinsam Brot zu backen. Das hat den Vorteil, daß nur ein Ofen angeheizt werden muß und daß andererseits die leidige Aufgabe Brotbacken mit vergnügten Reden gewürzt werden kann. Um das Brot zu unterscheiden, hat jede der Frauen ihr Brot mit einem bestimmten Muster versehen.
Als alle Laibe geformt, in eingeweichten Sesamkörnern gewälzt und auf langen Brettern noch einmal zum Gehen aufgestellt waren, nahm die älteste der Frauen den letzten Rest des Teiges und formte daraus ein Brot, dessen Form meine schlechte Fantasie an ein ganz bestimmtes Detail des weiblichen Körpers denken ließ. Die Verzierungen, die sie daran anbrachte, waren mehr als geeignet, die Assoziation zu unterstützen. Und zum Schluß wurde dieses spezielle Brot mit Aniskörnern bestreut. Die alte Bäuerin bekreuzigte sich und sagte: «Das ist das Hochzeitsbrot für meinen Sohn, der am Wochenende heiratet».

Ob Anis wirklich die männlichen Kräfte weckt und stärkt ist leider aber bis heute ungewiß. Jean Valnet jedenfalls macht hinter die Angabe 'aphrodisisch' bei der Aufzählung der medizinischen Eigenschaften des Anis ein Fragezeichen. Gesichert scheint seine krampflösende und stärkende Wirkung für den Magen zu sein. Auch wird versichert, daß Anis ganz allgemein anregend wirkt, vor allem auf Herz, Lunge und Verdauung (und vielleicht auch auf das sexuelle Verlangen?), und daß er gleichzeitig auch eine beruhigende Wirkung hat. Er unterstützt die Produktion von Muttermilch. Er wirkt harntreibend.

Anis hilft bei nervösen Verdauungsbeschwerden, bei nervösem Erbrechen, bei Migräne und Schwindelanfällen, bei schmerzhaften Monatsblutungen, bei Koliken der Kinder, bei Asthma, Herz- und Kreislaufstörungen.
Anis wird als Tee eingenommen (ein Teelöffel auf eine Tasse kochendes Wasser, jeweils nach den Mahlzeiten zu trinken) oder als Anislikör (40 g zerstoßener Anissamen, 1 g Zimt, 500 g Zucker, 1 l Obstschnaps, 6 Wochen stehen lassen, filtern, nach den Mahlzeiten je ein Gläslein trinken – zur besseren Verdauung und zur Vermeidung von Blähungen).

Der Geschmack der Anissamen ist eigentümlich aromatisch süß. Mit Anis kann man Gemüse würzen wie Rotkraut, Karotten, Kürbis, Tomaten. Man kann Salate damit verfeinern, Fischsuppen und andere Suppen, Krusten- und Schalentiere.
Die Besonderheit dieses süßen Gewürzes ist natürlich, daß man es auch zum Würzen von Süßem verwenden kann, z.B. Apfelkompott, Pflaumenmus, Obstsalat, süße Aufläufe, Pudding, Gebäck, wie die schon genannten Springerle, wie Lebkuchen und die in der Schweiz beliebten Anischräbeli. Schließlich wird Anis zusammen mit Kümmel und Fenchel als Brotgewürz verwendet.

Ungemahlen, dunkel, kühl und trocken aufbewahrt, hält sich Anis bis zu drei Jahren, gemahlener Anis verliert rasch seine Würzkraft.

Anispfeffer

Anispfeffer heißen die Früchte eines kleinen Baumes aus der Familie der Rautengewächse. Seine Blätter erinnern an einen Vogelbeerbaum. Er trägt weiße oder grünlich gefärbte Blüten. Wenn sie sich in Früchte verwandelt haben, kann man sie, getrocknet, in der Küche wie Pfeffer verwenden. Anispfeffer wächst in Japan, Korea und in Nordchina. Die Chinesen würzen mit Anispfeffer vor allem Fischgerichte. Zusammen mit Fenchel, Nelken, Sternanis und Zimt bildet Anispfeffer eine Gewürzmischung, die in der asiatischen Küche den Namen Fünfgewürze trägt.

Asant

Er heißt auch Stinkasant oder *Asa foetida* oder Teufelsdreck.
Wenn es eines Beweises für den unterschiedlichen Geschmack der Menschen bedürfte, Asa foetida wäre dieser Beweis.
Für die Römer war er das Gewürz schlechthin. Im mittleren und fernen Osten wird er bis heute benutzt. Aber seit dem Mittelalter mag man ihn hierzulande, und das heißt in Europa, nicht mehr. Für europäische Gaumen schmeckt Asant einfach wie Teufelsdreck. Nach einer Mischung von Knoblauch, Zwiebel und jenem grauenhaften Gestank von Schwefelwasserstoff, der den meisten von uns von den selbstgebastelten Stinkbomben in Erinnerung ist, die man spätestens in der Quinta nach dem ersten Chemieunterricht im Klassenzimmer zum Einsatz brachte, zur Freude von Lehrer und Mitschülern. – Dabei heißt es, beim Kochen ginge dieser überaus unangenehme Geschmack

verloren und dann ... ja und dann? Darüber habe ich keinen Hinweis gefunden. Dabei verwenden wir Mitteleuropäer zumindest geringe Mengen von Asant verhältnismäßig regelmäßig und zwar in Gestalt jener Sauce, die Englands Beitrag zur europäischen Küche ist: Worchestersauce. Sie ist eine Erfindung, die die Engländer wie den Curry aus Indien mitgebracht haben, wo es keine Zurückhaltung gegenüber dem Teufelsdreck Asant gibt, und so kam er sozusagen durch die Hintertür wieder nach Europa, wie es bei Teuflischem halt so geht.
Bei seinem ersten Auftreten waren arabische Ärzte im Spiel, zu deren wirksamen Arzneimitteln Asant gehörte. So galt er im Mittelalter als ein Universalheilmittel mit großer Wirkung bei vielen Krankheiten. Böswillige Autoren allerdings nehmen an, daß die Kranken, die Asant einnehmen mußten, lieber gesund werden wollten, als diese fürchterlich riechende und schmeckende Arznei weiter einzunehmen. Ja, es wird sogar behauptet, daß selbst den Blutegeln das Blutsaugen verginge, wenn Asant auf der Haut oder im Blut wäre. Das haben sich im Mittelalter Ärzte zunutze gemacht, um die Egel zum Beenden ihrer Saugtätigkeit zu bringen, wenn nur eine geringe Blutentnahme erwünscht war. Bis heute kann man Asant benutzen, um Kindern das Daumenlutschen abzugewöhnen. Der mit Asant eingestrichene Daumen wird ganz bestimmt höchstens einmal in den Mund gesteckt.

Wo kommt denn der Asant her? Er ist eine Art Riesenfenchel, aus dessen langem Stengel, aus Kraut und dicker Wurzelrübe beim Abschneiden ein milchiger Saft quillt, der zu Klumpen erstarrt, die bis zu einem Kilo Gewicht haben können. Perser und Afghanen essen diese Klumpen als Gemüse. In Indien ist er als Gewürz beliebt, was seinen Niederschlag in vielen Gerichten der Ayurveda-Küche hat.
Für Neugierige hier das Rezept für ein sogenanntes Raita, ein Gericht aus kühlendem Joghurt mit Asa foetida: 1/2 Pfund Kartoffeln, waschen und weichkochen. Nach dem Abkühlen schälen und vierteln. Zwei Tomaten waschen und schneiden, einen halben Liter gekühlten, nach Möglichkeit selbstgemachten Joghurt in eine Schüssel geben, mit etwas Salz und frisch gemahlenem Pfeffer würzen und die Schüssel mit einem Teller zudecken. In einem großen Löffel etwas Kochbutter über einer Flamme (Spiritusflamme) erhitzen, und darin einen halben Teelöffel Cuminisamen und einen Teelöffel Sesamsamen anrösten lassen, bis die Samen springen. Dann eine Prise Asa foetida (erhält man in der Apotheke) beifügen und den Inhalt des Löffels direkt in die Joghurtschüssel geben, dabei die Schüssel sofort wieder zudecken. Dann Kartoffeln und Tomaten ebenfalls beigeben. Vor dem Servieren nochmals kühlen.
Asant, *Asa foetida*, besorgt Ihnen vielleicht Ihr Apotheker.
Mein Apotheker, stets bereit, auf meine absonderlichen Wünsche einzugehen, besorgte mir den Asant innerhalb eines Tages von seinem Großhändler, bemerkte aber dann: «Jetzt weiß ich, warum es in den alten Apotheken einen Raum 'Seperanda' gab. Nach dem Abfüllen des Asant hat es in meiner Apotheke unerträglich gestunken!»

Asa foetida ist Bestandteil von vielen Currys. Man kann Gemüsegerichte damit würzen und Saucen. Mein persischer Freund und Arzt würzt Reis damit, er gibt aber auch Asa foetida bei nervösen Magen- und Herzstörungen – allerdings in homöopathischer Form.

Bertram

«Einem gesunden Menschen ist es gut, Bertram zu essen, weil Bertram das Fäulnis verhindert, das gute Blut vermehrt und den Intellekt reinigt. Einen Kranken, selbst wenn er körperlich sehr geschwächt ist, bringt Bertram wieder zu Kräften. Bertram schenkt dem Menschen eine gute Verdauung. Wenn man ihn regelmäßig ißt, wird durch seine Wärme jede Speise verdaut. Er reinigt die Säfte und klärt die Augen.» Das schreibt die heilige Hildegard über Bertram, der so zu einem der meistgebrauchten Gewürze der Hildegard-Küche wurde. Bertram hilft bei Verdauungsstörungen, er nimmt Fäulnisstoffe und Giftstoffe auf, er hilft bei perniziöser Anämie, der schwersten Form der Blutarmut, bei Fehlernährung, Diabetes, Verschleimung.

Hildegard-Ärzte empfehlen bei den genannten Krankheiten ein bis drei Messerspitzen Bertram über jedes Essen zu streuen oder mitzukochen.
Es gibt zwei Arten von Bertram: den römischen *(Anacyclus officinarum)* und den deutschen *(Anacyclus pyrethrum)*.
Aber die römische Art hat nichts mit Rom zu tun, so wenig wie die deutsche mit Deutschland. Der römische Bertram ist in Nordafrika, Syrien und im Kaukasus heimisch. Der sogenannte deutsche stammt aus Nordafrika und ist ohne Wert für die Heilkunde, wohl aber als Gewürz.
Auch die heilige Hildegard verwendet ausschließlich den römischen Bertram.
Beide Pflanzen gehören zur Familie der Korbblütler und haben eine gewisse Ähnlichkeit mit der Kamille. Ihre Blütenblätter sind weiß und haben an der Unterseite einen purpurnen Schimmer. Der deutsche Bertram ist eine einjährige Pflanze und kleiner als der mehrjährige römische Bertram. Dafür schmeckt die Wurzel des deutschen Bertram schärfer, hat daher als Gewürz mehr Charakter. Die Römer haben Bertram viel als Gewürz verwendet. Im Kochbuch des Apicius wird eine Art Gulasch mit Bertram gewürzt. Man kann Likör aus der Wurzel des römischen Bertram machen. In modernen Kochbüchern kommt Bertram zwar noch vor, aber so gut wie immer ist etwas anderes gemeint, nämlich Estragon.

Hier ein Rezept für Leberknödel aus der Hildegard-Küche:
125 g Leber (Hühner, Lamm, Kalb, Reh, Hirsch)
2 altbackene Dinkelbrötchen
1/2 Tasse Milch
1 EL Butter
2 feingehackte Zwiebeln
2 Eier
1/2 TL Salz
1/2 TL schwarzer Pfeffer
1 EL feingehackte Petersilie
1 TL Bertram
1/2 Tasse Dinkelbrösel

Die Dinkelbrötchen werden fünf Minuten in Milch eingeweicht und dann ausgedrückt. Sie werden zusammen mit der Leber durch die Fleischmaschine gedreht. Die Zwiebel werden ca. acht Minuten leicht in Butter angebräunt und dann untergemengt. Außerdem kommen die restlichen Zutaten hinein sowie zum Schluß so viel Semmelbrösel, daß die Masse fest wird. Mit bemehlten Händen formt man Bällchen von zwei bis drei Zentimeter Durchmesser und gibt sie in kochende Hühner- oder Rindsbouillon. Wenn sie nach oben gestiegen sind, läßt man sie noch zwei bis drei Minuten auf schwacher Hitze ziehen.

Bockshornklee

Der Bockshornklee, der auch «Griechisch Heu» heißt, nämlich *foenum graecum*, gehört in die Familie der Schmetterlingsblütler *Fabaceae* oder *Papilionaceae*. Er ist eine einjährige Pflanze, die ca. 50 Zentimeter hoch wird. Die Blätter sind dreizählig wie beim nahen Verwandten Klee. Sie haben die Form eines Eis, das an der Spitze angewachsen ist. Mitte des Sommers erscheinen in den Blattachseln hellgelbe Schmetterlingsblüten ohne Stiel, gelegentlich haben sie einen Hauch von Violett. Manchmal stehen sie allein, manchmal zu zweit. Aus ihnen entwickeln sich bis zu 20 Zentimeter lange, sichelförmige Schoten. Wenn sie zu zweit stehen, sehen sie aus wie die Hörner eines Geißbockes. In der Antike sah man in ihnen Stierhörner, befand man sich doch im Zeitalter des Stieres.

In den Hülsen befinden sich fünf bis 20 ungleich geformte harte Samen. Viele von ihnen sind so geformt, daß man in ihnen durchaus auch Tierhörner erkennen kann.
Die ganze Pflanze riecht aromatisch scharf. Als Gewürz werden die Samen verwendet, die aus den Schoten gedroschen werden.

Woher die Pflanze stammt ist nicht sicher. Die Römer gaben ihr zwar den Namen «Griechisch Heu» – aber aus Griechenland stammt sie sicher nicht. Früher nahm man an, sie sei aus der im Mittelmeer weit verbreiteten Pflanze *Trigonella gladiata* entwickelt worden; inzwischen glaubt man an eine Kultivierung der Art *Trigonella Haussknechtii*. Diese Kultivierung muß schon in der jüngeren Steinzeit etwa um 5000 v. Chr. in Mesopotamien vorgenommen worden sein. Samenfunde aus dem Jahr 3000 v. Chr., die in Ägypten gemacht wurden, bezeugen, daß der Klee damals schon nach Ägypten gekommen war und dort als Gewürz benutzt wurde. Bockshornklee war dem Apis, dem in Memphis verehrten schwarzen Stier geweiht. Von Ägypten kam der Bockshornklee nach Kreta, nach Griechenland und schließlich nach Rom.

Bockshornklee wurde für zwei wesentliche Zwecke angebaut. Zunächst einmal als Mastfutter für die Tiere, vor allem Schafe. Zum zweiten als Gewürz und Heilmittel. Je nach dem Zweck wurde die Aussaat entweder im Herbst zur Tag- und Nachtgleiche oder im Januar oder Februar vorgenommen. Der Bockshornklee braucht einen relativ festen Boden, um zu gedeihen. Und so fiel den Römern schon früh auf, daß die faulsten Bauern, die am schlechtesten pflügten, den schönsten Bockshornklee hatten.

Das Gewürz verwendete man in der Küche zum Würzen von Suppen, Saucen, Öl und geistigen Getränken. Als Heilmittel wirkte Bockshornklee wie Leinsamen erweichend und abführend – römische und griechische Ärzte, wie Dioscorides, erwarteten von ihm Wunderdinge. Die Römer nahmen den Bockshornklee mit in ihre mitteleuropäischen Provinzen.

Das Mittelalter, das auf die Autorität der alten griechischen Ärzte schwor, versuchte eine Menge Krankheiten mit Bockshornklee zu heilen. Als auf die Dauer der Erfolg ausblieb, ging es zurück mit dem Bockshornklee. Solange es im Orient noch schöne Damen in den Harems gab, versuchten diese mit Erfolg ihre barocken Körperformen durch das Essen von Bockshornklee zu pflegen. Aber auch das ist wahrscheinlich vorbei: Das Ideal der Schlankheit hat sicher auch den letzten Harem erreicht. Als Gewürz spielt der Bockshornklee in unserer Küche nur noch eine Rolle für bestimmte südliche

Fischgerichte und als Bestandteil von Curry. Früh erreichte der Bockshornklee vom Zweistromland aus auch Indien. In der Ayurvedamedizin spielt er von alters her eine Rolle. Der Samen gilt als Tonikum bei Schwäche und Streß. Ein Rezept für angegriffene Nerven besteht darin, daß man einen Teelöffel Bockshornkleesamen in einer Tasse Milch aufkocht, abseiht und trinkt.

Bockshornkleesamen kann man wie andere Samen auch sprossen lassen. Die Sprossen schmecken sehr gut und helfen bei Verdauungsproblemen, bei Leberschwäche und Energiemangel.

Cayennepfeffer

Cayennepfeffer *(Capsicum frutescens)*, der auch Chili oder Chilischote heißt, Roter Pfeffer oder Kolumbianischer Paprika ist das schärfste, was es an Gewürzen gibt. Die Familie *Capsicum* gehört zu den Nachtschattengewächsen und hat etwa fünfunddreißig Arten.

Capsicum annuum ist der bekannteste Vertreter der Familie, nämlich ganz einfach der Gemüsepaprika. Seine Früchte, die botanisch betrachtet Beeren sind, und an einem etwa 30 bis 100 Zentimeter hohen Kraut wachsen, können bis zu 20 Zentimeter Länge haben. Sie können ausschauen wie Tüten, wie Herzen, wie Kirschen, können weiß sein, grün, gelb, orange, rot, violett. Kein Gemüse enthält so viel Vitamin C wie *Capsicum annuum*, das heißt: Gemüsepaprika. *Capsicum frutescens* ist sozusagen die Gewürzausgabe des Paprika und wenn man von der Schärfe des Paprika spricht, dann denkt man an diese kleinen schmalen Schoten, sprich Beeren, die eben so ungeheuer scharf sind.

Während in Deutschland Gewürzpaprika «Peperoni» oder «Pfefferschote» genannt wird und die Gemüsepaprika «Paprika», nennen die Schweizer die letzteren «Peperoni» und ihre scharfen Vettern «Peperoncini». Dies ist durchaus ein Hinweis auf die Herkunft der Paprikaarten in jüngerer Zeit. In Deutschland war Gemüsepaprika bis einige Zeit nach dem Zweiten Weltkrieg so gut wie unbekannt. Die Schweiz war uns wohl etwas voraus.

Aber zurück zur Pfefferschote, dem Gewürzpaprika, der sehr scharf ist. Wenn er mit der Haut längere Zeit in Berührung kommt, kann es zu Blasenbildung kommen wie bei einer Verbrennung. Diese äußere Wirkung wird benutzt zur Herstellung von Salben und Pflastern gegen Rheuma und Arthritis. Der dabei wirksame Stoff ist ein Alkaloid, das vor allem in den Samen und den Samenleisten der Schoten enthalten ist: Capsaicin. Auch bei dem Gemüsepaprika sitzt ein – wenn auch geringerer – Anteil an Capsaicin in den Samen, die man aus diesem Grund möglichst aus dem Gemüse entfernt. Capsaicin ist das, was den brennend scharfen Geschmack von Paprika ausmacht. Es reizt die Speicheldrüsen zur Produktion von Speichel an, die das Zehnfache des Normalen betragen kann.

Und so wie auf den Speichel, so ist auch seine Wirkung auf den gesamten übrigen Verdauungsapparat. Über die Verdauung hinaus beeinflußt es den ganzen Kreislauf und das Volumen des Herzschlags und zwar positiv. Es erweitert die Gefäße und senkt die Thrombozytenzahl. Ja, manche nennen das Capsaicin, und damit den scharfen Paprika, einen rechten

«Nothelfer» in Sachen Herz. In dem hervorragenden «Kursbuch gesunde Ernährung, Küche als Apotheke der Natur» fand ich folgenden Hinweis: «In den USA geben sehr erfahrene Ärzte Ehefrauen den Rat, ihrem Mann, der plötzlich zu Hause einen Infarkt bekommt, sofort (noch ehe der Notarzt da ist) einen Löffel Cayennepulver pur mit Wasser einzugeben und ihm eine sehr heiße Kompresse auf die Brust zu legen. Diese Maßnahme soll schon manches Leben gerettet haben, da sie offenbar jene Blutverklumpung hemmt, die zu Thrombosen und Schlaganfällen führt.»

In der Zahnheilkunde wird Capsaicin als schmerzstillendes Mittel verwendet. Durch seine Schärfe ist es natürlich auch ein starkes Antiseptikum und manche Autoren sagen, daß reichlicher Genuß von Chilischoten vor ansteckenden Krankheiten wie Cholera, Typhus, Scharlach und Ruhr schützt. Außerdem soll Capsaicin wirksam sein gegen Hämorrhoiden, Gicht und Ischias.

Cayennepfeffer

Die Araber glauben, daß es erloschene Liebeskraft wieder beflügelt.
Gibt man in einen mit Honig gesüßten heißen Kräutertee eine Messerspitze Cayennepfeffer, erhält man ein Getränk, das möglichst heiß in kleinen Schlucken getrunken bei Fieber, Kreislaufschwäche und Schüchternheit hilft.

Um die Schärfe zu bestimmen, hat man für die Konzentration von Capsaicin eine Skala erfunden. Diese Skala mißt z.B. beim Gemüsepaprika, der keine Schärfe hat, 0 Einheiten «Scoville». Die Skala reicht bis zu 300 000 Einheiten «Scoville», die allerdings nur bei einer einzigen Chilisorte von den Antillen, bei der «Habanero» erreicht wird.
Man kann daraus auch entnehmen, daß es viele unterschiedliche Sorten von Gewürzpaprika gibt.

Ein übermäßiger Konsum von Capsaicin kann aber Magen-Darm-Entzündungen hervorrufen und die Nieren schädigen. Also Vorsicht.

Cayennepfeffer ist ein Pulver, das aus getrockneten und gemahlenen Chilischoten besteht.

Ein milderes Gewürz ist das Chilipulver, das aus einer Mischung von Cayennepfeffer mit anderen Gewürzen, z.B. Kreuzkümmel, Oregano, Piment besteht.

Auch die Tabasco-Sauce wird auf der Basis von Cayennepfeffer hergestellt.
Sie wurde 1868 auf Avery Island im Mississippi-Delta als *Feuer von Louisiana* kreiert von einem Mann namens McIlhenny, der sie bei seinem Kriegsdienst in Mexiko kennengelernt hatte.

Aber da ist noch eine äußerst scharfe Gewürzzubereitung: Harissa, die mit viel Chilischoten, Tomaten, Knoblauch, Minze, Koriander, Kümmelsamen, Kreuzkümmel, Essig, Olivenöl hergestellt wird. Ich esse Harissa in sparsamster Menge gern zu den nordafrikanischen Merguez-Würstchen, die – wenn sie echt sind – aus Schaffleisch mit Knoblauch gemacht werden und die bei uns in Baden aus Frankreich eingewandert sind. Harissa ist wie die Merguez-Würstchen in Nordafrika daheim.

Aus Asien, vor allem Indonesien, kommt eine weitere äußerst scharfe Gewürzzubereitung: Sambal. Auch sie besteht aus zerstoßenen Chilischoten, die mit verschiedenen Zusätzen vermischt werden. Mit zerstampften Garnelen und Tamarinde: Sambal assem. Mit Zucker: Sambal manis. Mit Zwiebeln: Sambal nasi goreng. Nur aus Chilischoten: Sambal oelek.

Cayennepfeffer ist auch ein wesentlicher Bestandteil vieler Currys.

Die Indianer Amerikas haben seit frühesten Zeiten Chilis angebaut und gegessen. Die Spanier lernten die Pflanze in Mexiko kennen und brachten sie nach Europa. Heute werden die Chilischoten, aus denen Cayennepfeffer hergestellt wird, nicht nur in den tropischen Gebieten Mittel- und Südamerikas, sondern auch auf den Inseln Java und Sansibar, in Ost- und Westindien und in den amerikanischen Bundesstaaten Louisiana und Kalifornien angebaut.

Curry

Daß Curry kein Gewürz, sondern eine Gewürzmischung ist, ist sicher allgemein bekannt.
Daß es aber dennoch einen Currybaum gibt, *Murraya koenigii*, dessen Blätter hinwiederum wie eben Curry duften, wenn man sie verreibt, das ist wahrscheinlich weniger bekannt.
Dieser Currybaum wächst an den Abhängen des Himalaja. Er gehört zur Familie der Rautengewächse *Rutaceae* und ist ein naher Verwandter der Zitrusbäume. Seine Blätter riechen, so entnehme ich der Literatur, für uns eher unangenehm, gelten aber in Indien als ein köstliches Gewürz. Sie gehören unumgänglich als Zutat zu allen Currygerichten.
In Indien verwendet man diese Curryblätter nur frisch. Bei uns sind sie meistens nur getrocknet erhältlich. Damit sie ihr feinwürziges Aroma entfalten, muß man sie zerkleinern, in heißem Öl anbraten und von Anfang an in den Gerichten mitkochen. Sie beruhigen den Magen, wirken fiebersenkend und helfen bei Brechreiz und Erbrechen. Sie werden überall dort angewandt, wo man mit Curry kocht. Sie können darüber hinaus für Marinaden und Eingelegtes benutzt werden.

Currypulver ist nicht – wie manche meinen – ein einzelnes Gewürz, sondern ein Mischung, zu der wenigstens ein halbes Dutzend, meistens aber zwanzig und mehr Gewürze gehören. Dementsprechend unterschiedlich ist ihre Farbe. Während wir hierzulande nur die Wahl haben zwischen den Currys unterschiedlicher Gewürzhandelshäuser und vielleicht noch zwischen scharf und mild, zwischen Madrascurry und anderem, hat in der Heimat des Curry so gut wie jede Familie ihren eigenen Curry, ihre eigene Mischung, die schon die Urgroßmutter benutzt hat und deren Rezept von Mutter an Tochter weitergegeben und als Familiengeheimnis behandelt wird. Auch der Gewürzhändler auf dem Markt oder im Bazar hat sein eigenes Curryrezept, oder sagen wir besser, seine eigenen Curryrezepte. Die Inder nennen allerdings Curry nicht Curry, sondern «Masala», was nichts anderes heißt als Mischung.

Während der Kolonialzeit haben die Engländer in Indien Gerichte kennengelernt, die eben mit diesem Masala gekocht waren. Sie, die in ihrer traditionellen Küche nun wahrhaftig nicht mit Sensationen verwöhnt sind, fanden Gefallen an den mit Masala gewürzten Gerichten. Sie übernahmen den tamilischen Begriff *Kari* für Sauce, der eigentlich das Gericht meint, und nannten die Gewürzmischung dementsprechend: Curry. Und sie nahmen ihre Vorliebe für Currys mit nach England. Dort verlangten sie entsprechende Mischungen von den Gewürzhändlern. So entstand die fertige, standardisierte Gewürzmischung in der Dose, die dem europäischen Geschmack entgegenkommt.
Eigentlich sind die Masalas oder sagen wir lieber die Currys ein Bestandteil der berühmten «Küche der armen Leute». Die Currys wurden nicht gemischt, um Fleischgerichten raffinierte Geschmacksnuancen zu geben, sondern um das Einerlei des täglichen Reises aufzuhellen. Jedenfalls stellen die Currys mit ihrer vielfältigen Kombination von Gewürzen eine sehr gesunde Mischung dar, welche die Einseitigkeit der reinen Reisernährung nicht nur geschmacklich sondern auch gesundheitlich ergänzt.

Verwendet man die kommerziellen Currys unserer Lebensmittelgeschäfte, so sollte man zum einen darauf achten, daß sie nicht zu alt sind. Ob sie nun im Geschäft gealtert sind oder im eigenen Haushalt, spielt dabei keine Rolle. Selbst im gut verschlossenen dunklen Gefäß kann man sie nur ein halbes Jahr aufbewahren!

Zum anderen sollte man darauf achten, daß sie eine braune Farbe haben. Sind sie gelb, so besteht der Verdacht, daß sie einen hohen Gelbwurzel-Anteil (Kurkuma) besitzen. Kurkuma macht zwar den Curry mild, aber nur weil er ihn verdünnt und ihm den Charakter raubt. Außerdem ist Kurkuma billig und der Curryhersteller spart.

Am allerbesten wäre es, wenn man sich seinen Curry selber mischen würde.
Das macht vielleicht ein wenig Mühe – aber auch viel Spaß.
Hier das Rezept für ein mildes Currypulver:
1½ EL Fenchelsamen
1 TL schwarze Pfefferkörner
6 bis 8 Nelken
8 bis 10 Kardamomkapseln
2 Zimtstangen (je 3 cm)
5 bis 6 Curryblätter, (soweit erhältlich)
2 EL Reis
5 EL Korianderpulver
3 EL gemahlener Ingwer
1½ bis 2 EL Kurkuma

Die Kardamomkapseln öffnen, die Zimtstücke zerkleinern und zusammen mit Fenchel, Nelken, Curryblättern, Pfefferkörnern und Reis einige Minuten in einer (Guß-)eisernen Pfanne (keine Teflon-beschichtete Pfanne!) ohne Fett rösten. Die Gewürze dürfen dabei nicht dunkel werden.
Anschließend die restlichen, gemahlenen Gewürze dazugeben und alles gut in der Pfanne mischen. Nicht anbrennen lassen! Zum Schluß die noch heiße Mischung in einem Mixer oder einer Kaffeemühle mahlen. Noch einmal gut umrühren und in einem luftdichten, dunklen Gefäß aufbewahren!

Galgant

Da wächst im südlichen China und auf der Insel Heinan eine Staude, deren duftende weiße Blüten sie zu einer Zierde der Gärten machen, deren Wurzelstock aber – bis zu einem Meter lang –, botanisch Rhizom genannt, ätherische Öle und Harze enthält, die diesen Wurzelstock zu einem vielbegehrten Gewürz werden lassen.

Die Pflanze, Galgant, lateinisch *Alpinia officinarum*, und ihre Schwester in derselben Gattung, *Alpinia galanga*, gehören zu den Ingwergewächsen. Ähnlich wie der Ingwer wird der Wurzelstock in der Küche frisch, aber auch getrocknet gebraucht.

Viele tausend Kilometer westlich, in einem Kloster am Rhein, sitzt in ihrer Zelle eine Nonne und schreibt: «... und wer Herzweh hat und wer am Herzen schwach ist, der esse genügend Galgant und es wird ihm besser gehen.» Es ist das 12. Jahrhundert. Man fragt sich, woher kennt die heilige Hildegard das Gewürz aus dem fernen Asien? Woher kennt sie so viele Dinge, über die sie in ihren Büchern schreibt, woher kennt sie Löwen und Gazellen?

Der fromme Hildegard-Verehrer wird sagen: «Gott hat der heiligen Hildegard die Gabe der visionären Schau gegeben, in der sie die Dinge der Welt erkannte.» Nicht nur die Dinge der Welt, sondern zugleich ihren Nutzen für die Menschen. Aber wahrscheinlich war die Kunde vom Galgant auf ganz anderen Wegen auf den Rupertsberg bei Bingen gekommen: Arabische Ärzte kannten längst den Galgant und priesen ihn in ihren Schriften als Heilmittel ersten Ranges, so wie sie auch andere Stoffe der belebten und unbelebten Natur in ihrem therapeutischen Wert kannten.

Seit dem 8. Jahrhundert hatten die Mauren, nordafrikanische Araber, die spanische Halbinsel in einem Siegeszug ohnegleichen erobert. Ja, sie drangen sogar bis nach Frankreich vor und es hätte nicht viel gefehlt, so hätten sie ihr Reich noch wenigstens um die Provence nach Norden vergrößert.

Cordoba war die Hauptstadt, der Sitz zunächst eines Emirs und dann eines Kalifen. Es war die Kraft des jungen Islam, die die arabischen Reiter bis an die Pyrenäen gebracht hatte und darüber hinaus. Sie schufen für einige wenige Jahrhunderte in ihrem Al Andaluz ein Reich des Friedens, der Toleranz und der Kultur. Christen, Juden und Muslime lebten friedlich nebeneinander. Die Araber brachten aus dem ganzen Mittelmeerraum die Summe der Kultur hier zusammen. Das fing an mit raffinierten Bewässerungssystemen, mit einer hochentwickelten Landwirtschaft, mit Gartenbaukunst. Sie haben sich das Wissen und das Können römischer und byzantinischer Baumeister zu eigen gemacht, ebenso wie die Philosophie und die Naturwissenschaft der Kulturen am Mittelmeer vor ihnen. Es war vor allem die ärztliche Kunst, die aus diesem jahrtausendealten Schatz schöpfte. Während in Städten wie Cordoba, Sevilla, Murcia, Cadiz oder Granada Moscheen und Paläste gebaut wurden, kamen die Wissenschaftler Europas, um zu studieren und Erfahrungen auszutauschen und sie nahmen die Bücher mit, die nicht nur von den arabischen, sondern auch von den jüdischen Ärzten Spaniens geschrieben wurden.

Der Reichtum einer Metropole wie Cordoba, die auf dem Höhepunkt maurischer Macht nach Konstantinopel die zweitgrößte Stadt der Welt war, wo es eine Straßenbeleuchtung gab, eine Kanalisation, zahlreiche Bäder, Schulen für die Allgemeinheit, Universitäten und Hochschulen, zog natürlich auch den Handel an, den Handel, der über die Karawanenstraßen des Ostens mit dem Orient und Asien verbunden war. Arabische Kaufleute segelten seit dem 8. Jahrhundert mit ihren hochseetüchtigen Dhaus nach Indien, Südostasien und China. Sie brachten Seide mit nach Hause und Gewürze. Basra am Persischen Golf und Alexandria in Ägypten waren große Stationen des Handels in jener Zeit.

Die abenteuerlichen Geschichten der Seefahrer und Reisenden haben hinwiederum die Dichter zu ihren Werken angeregt. Und so lebt in den Geschichten von «Tausendundeiner Nacht» manche Erinnerung an Fahrten ins grenzenlose Unbekannte, aus dem man reich zurückkehren kann, wo man aber auch scheitern kann an Stürmen und Untieren, an Dämonen und Menschen. Bis in die Literatur unseres deutschen Mittelalters geht dieser Einfluß, zum Beispiel in der Geschichte vom Herzog Ernst von Württemberg.

Zurück auf den Rupertsberg bei Bingen. Natürlich kamen die Morgenlandfahrer im Kloster vorbei, wenn sie aus Spanien zurückkehrten und natürlich haben sie ihre Geschichten erzählt von den Philosophen, den Theologen, den Astrologen, den Mathematikern, den Ärzten und den Naturwissenschaftlern. Vielleicht hatten sie auch so Kostbares dabei wie Bücher, arabische Bücher, aus denen sie der Äbtissin vorlasen. Zum Beispiel alles über den Galgant. Vielleicht hatten sie in einer kleinen Dose auch etwas von einem braunen Pulver, das einen unendlich weiten Weg zurückgelegt hatte, mit dem Schiff, auf den Rücken von Kamelen und Maultieren: Galgant.

Am Ausgang des Mittelalters, 300 Jahre nach der heiligen Hildegard, wurde Galgant in Europa so etwas wie ein Modegewürz. Einer schreibt: «Damals muß Galgant hierzulande in aller Munde gewesen sein.» Natürlich war dieses scharfe Gewürz geeignet, verdorbene Lebensmittel, wie sie in jenem Zeitalter ohne Kühlmöglichkeit an der Tagesordnung waren, geschmacklich zu kaschieren und die Folgen des Genusses – ist Galgant nicht auch ein Magenmittel – gleich an der Wurzel zu bekämpfen.

In medizinischer Hinsicht hat man Wunder von ihm erwartet, die der Galgant dann doch nicht vollbringen konnte. Und so wurde er vergessen, bis er in unserer Zeit mit dem Siegeszug der ostasiatischen Küche wieder bei uns Einzug hält. Auch als Bestandteil von Curry. Und dann eben als Mittel der Hildegard-Medizin.

Hildegard-Ärzte wenden Galgant an

- bei Herzschmerzen, bei Herzschwäche und vor allem bei Angina pectoris-Anfällen

(«Galgant ist ein hundertprozentig wirksames Mittel gegen alle akuten Herzschmerzen vom Typ Angina pectoris. Es wirkt rasch und erlösend wie ein Nitroglyzerin-Präparat – ohne dessen unangenehme Nebenwirkungen – bei Herzschmerzen, Herzschwäche und Herzschwindel», Strehlow)

- bei Herzinfarkt (stets eine Dose mit Galganttabletten mitführen und einnehmen, bis im Infarktfall der Arzt kommt)
- bei Nachbehandlung von Herzinfarkten
- bei Magen-Darm-Krämpfen (Roemheld-Syndrom)
- Menstruationsbeschwerden
- Kopfschmerzen
- pseudoepileptischen Anfällen
- Durchblutungsstörungen
- Erschöpfungs- und Schwächezuständen

Zur Anwendung werden ein bis drei Messerspitzen Galgantpulver ins Essen gestreut, was vor allem Fleischgerichten eine interessante scharfe Würze verleiht und im übrigen für eine gute Durchblutung und Vitalisierung sorgt.

Galgantpulver oder Wurzelstücke kann man auch für Marinaden, für Kürbisgemüse und Obstsalate verwenden sowie für Kompotte. Bei Marmeladen sorgt ein 3- bis 7prozentiger Anteil für natürliche Konservierung.

Hier noch das Rezept für Galgantplätzchen, die wie Galganttabletten wirken: 250 g Butter schmelzen lassen, 500 g kernige Dinkelflocken unter Rühren darin leicht rösten, dann erkalten lassen, 2 Eier, etwas Vanille, 150 g Rohrzucker und 2 Eßlöffel Galgant miteinander schaumig rühren, 2 bis 3 Eßlöffel Dinkelmehl und die gerösteten Dinkelflocken darunter heben. Mit zwei Teelöffeln kleine Häufchen auf ein gefettetes Backblech setzen. Bei 180 Grad ca. 15 Minuten backen (nach Dr. Wieghard Strehlow).

Ingwer

Ingwer, lateinisch *Zingiber officinale*, gehört zu der Familie der Ingwergewächse, von denen wir schon Galgant kennengelernt haben, man nennt sie auch Gewürzlilien. Das, was uns am Ingwer interessiert, ist der Wurzelstock. Dieser Wurzelstock, der sich horizontal unter der Erde ausbreitet, ist knollig und verzweigt, läßt manchmal an eine große Hand denken mit ihren Fingern. Was über der Erde wächst, aus diesem Wurzelstock, erinnert an Schilf und ist 1.50 bis 2 Meter hoch. Außerdem wachsen aus dem Ingwerknollen bis zu 25 Zentimeter hohe Blütenstiele, an deren Ende die Blüten wie Ähren stehen. Sie haben ein großes grünes Deckblatt mit einem gelbem Rand und eine Lippe, die purpurn sein kann oder violett oder in einer Farbe, die dazwischen liegt. Das Ganze sieht durchaus dekorativ aus und könnte die Zierde eines Gartens sein. Die Heimat des Ingwer, der manchmal auch Schnaps- oder Immerwurzel heißt, sind vermutlich die Urwälder Ostasiens, tropisch, feucht und warm.

Längst gibt es die Wildform des Ingwer nicht mehr. Dafür wird er angebaut an der Malabarküste Indiens, in Bengalen und im Panjab, in Malaysia, Indonesien, China, Japan, Jamaika, Sierra Leone, Nigeria, Brasilien, um nur die wichtigsten Produktionsgebiete zu nennen.
Die älteste Kunde über den Ingwer stammt aus dem China des zweiten Jahrtausend v. Chr. und wenig später aus der indischen Veda, der ältesten der heiligen Schriften des Hinduismus, die etwa ab 1200 v. Chr. entstanden ist.

Aus Indien, wo der Ingwer also vor 3000 Jahren schon eine wichtige Rolle als Gewürz- und Heilpflanze gespielt hat, nahmen ihn früh Händler mit, die mit ihren Segelschiffen der Küste Arabiens entlang nach Ostafrika fuhren. Dort hat man die Knollen in die Erde gebracht und bald selbst Ingwer erzeugt und exportiert.

Plinius berichtet von dem Land Juba, aus dem zu seiner Zeit, der Hochblüte des Römischen Reiches, Ingwer nach Rom gebracht wurde. Das Land Juba war Somalia und die vor dem Horn von Afrika liegende Insel Socotra, jener Gewürzumschlagplatz, wo bereits vor mehr als 3000 Jahren die Handelsschiffe der Ägypter anlegten, um Gewürze und Weihrauch einzukaufen. Die Römer würzten Fleischspeisen mit Ingwer und stellten mit gemahlenem Ingwer ein Würzsalz her. Mitteleuropa mußte allerdings noch eine Zeit warten, bis der Ingwer auch dort Verbreitung fand.

Wie bei vielen Luxusgütern des Orients waren es die Kreuzritter, die die Kunde vom Ingwer nach Mitteleuropa brachten und vielleicht hatte der eine oder andere auch eine Ingwerknolle im Gepäck, die von seiner treuliebenden Gattin in einen Blumentopf gepflanzt wurde. Für einige Zeit entwickelte die Ingwerwurzel kleine runde Auswüchse, die man ohne Schaden für die Wurzel abschneiden und als Gewürz verwenden konnte.
Ob der heiligen Hildegard niemand eine Ingwerwurzel gebracht hat, oder ob sie etwas gegen Ritter hatte oder ob sie in geistiger Schau erkannte, daß dieses Gewürz nichts taugt, jedenfalls hatte sie etwas gegen Ingwer. Sie schreibt: «Er schadet einem gesunden und fetten Menschen, weil er ihn unkonzentriert, dumm, faul und ausgelassen macht. Nur ein körperlich Magerer, der fast schon am Ende ist, nehme nüchtern ein wenig Ingwer in die Suppe. Wenn es ihm wieder besser geht, esse er nichts mehr davon um keinen Schaden zu nehmen» (PL 1135 D).

Ingwer wurde im ausgehenden Mittelalter zu einem der wichtigsten Handelsgüter, insbesondere die Seehäfen Genua und Lissabon wickelten den Handel mit Ingwer ab. Zu dieser Zeit entsprach der Preis für ein Pfund Ingwer dem eines Schafes. Schon im 16. Jahrhundert begann der Anbau des Ingwer in der Neuen Welt. Ingwer hat – was man sich bei der langen Zeit, die er schon angebaut wird, leicht vorstellen kann – unterschiedliche Spielarten, wenn nicht Sorten entwickelt. Auf dem Markt unterscheidet man allerdings nicht nach Sorte, sondern nach Herkunft. Das beste Aroma, so sagt man, habe der Jamaika-Ingwer. Der Malabar-Ingwer habe einen zitronenähnlichen Beigeschmack, während der westafrikanische Ingwer sehr scharf sei und einen hohen Gehalt an ätherischen Ölen habe. Schließlich hat der Stem-Ingwer, der von der verwandten Art Zingiber mioga, dem China-Ingwer kommt, aber auch von in Taiwan und Australien angebauten Ingwerarten stammt, sein eigenes Ingweraroma. Stem-Ingwer wird in aller Regel kandiert angeboten und zwar als Ingwerpflaumen (Knollen), Ingwerblätter (Scheiben), Ingwerstäbchen, mit Schokolade überzogen oder glaciert.

Je nach Sorte enthält die Ingwerwurzel bis zu 3,3% ätherisches Öl. Davon sind ca. 70% Zingoberen und Zingoberol, die Geruchsträger und ein scharf schmeckendes Harzgemisch mit Stoffen wie Shogaol, Zingeron und Gingerol. Alles zusammen und eine Reihe weiterer chemischer Substanzen machen den milden, angenehm aromatischen Geruch und den brennend scharfen, leicht süßlichen gewürzhaften Geschmack aus.

In frischem Ingwer ist, wie z.B. auch in der Ananas, ein eiweißspaltendes Enzym, das Zingibain enthalten. Es bewirkt, wie das Bromelin

der Ananas, daß Fleisch mit Ingwer zubereitet deutlich zarter und bekömmlicher ist.
In der Volksheilkunde Asiens und Afrikas spielt Ingwer eine vielseitige Rolle. Man nimmt ihn ebenso gegen Magen-, Kopf- und Zahnschmerzen wie gegen Erkältungen, als Einreibemittel bei Rheuma und zur Behandlung von Wunden. In Indien wird Ingwer angeblich als verdauungsförderndes Mittel täglich benutzt. Ingwer wirkt angenehm wärmend und ist wohl auch antiseptisch.

Die moderne Naturmedizin empfiehlt, viel frischen Ingwer zu essen. Er ist ein ausgezeichnetes Mittel für den Magen und wirksam gegen Übelkeit, u.a. bei Reisekrankheit und in der Schwangerschaft, wo der regelmäßige Verzehr von Ingwer empfohlen wird, immer in kleinen Mengen als Pulver oder frisch, feingewürfelt in Obstsalaten oder in asiatischen Gemüsepfannen. Jean Valnet nennt den Ingwer innerlich angewendet appetitanregend, magenstärkend, blähungsverhindernd, antiseptisch, anregend, kräftigend, fiebersenkend, ein Mittel gegen Skorbut, gegen Durchfall, zur Vorbeugung bei ansteckenden Krankheiten und gegen Impotenz. Äußerlich angewendet gegen rheumatische Schmerzen und Angina. Er empfiehlt folgende Anwendungsarten: innerlich als Gewürz beim Kochen und Backen oder als Ingweressenz ein bis drei Tropfen mehrmals täglich mit Honig.
Bei rheumatischen Schmerzen empfiehlt er Einreibungen mit folgender Lösung: Ingwertinktur 40 g, Origanoessenz 2 g, Rosmaringeist 60 g. Bei Angina, die von Ödemen begleitet wird: zum Gurgeln 1/2 TL Ingwertinktur in einem Glas abgekochtem lauwarmem Wasser auflösen. Destilliertes Ingwerwasser wurde früher als eines der besten Heilmittel für Augenleiden, vor allem bei Grauem Star, angesehen. Im Senegal binden sich Frauen, die die Gefühle ihrer Männer wieder erwecken wollen, Gürtel aus Ingwerknollen um.
Ingwerwurzeln werden neun bis elf Monate nach der Pflanzung, wenn die grünen Stengel zu welken beginnen, ausgegraben und gesäubert. Die weitere Behandlung der Wurzelknollen ist je nach Anbauland unterschiedlich. Sie werden entweder ungeschält getrocknet oder nur oberflächlich abgeschabt, völlig von der Rinde befreit (Malabar), sorgfältig geschält und – um eine möglichst helle Farbe zu bekommen und die Wurzeln gegen tierische Schädlinge zu schützen – mit Kalkmilch behandelt oder mit Kalk bestäubt. Das Schälen der Wurzel muß sehr sorgfältig vorgenommen werden, denn unmittelbar unter der äußeren braunen Schicht befindet sich eine Gewebeschicht, in der die entscheidenden ätherischen Öle enthalten sind. Gewaschener und getrockneter Ingwer wird auch als schwarzer, grauer oder bedeckter Ingwer verkauft; geschälter Ingwer dagegen als weißer oder unbedeckter Ingwer. Im Gemüsefach des Kühlschranks halten sich Ingwerwurzeln zehn Tage lang frisch, in Folie zwei bis drei Wochen. Tiefere Temperaturen schaden dem Aroma.

Zum Gebrauch bricht man von der Wurzel ein Stück ab, wäscht es, schält es so dünn wie möglich oder schabt die Haut mit einem Messer ab. Junge Wurzeln, die noch nicht faserig sind, werden fein gewürfelt, zerdrückt oder zerrieben. Ältere, bereits faserige Wurzeln werden als 2 mm dicke Scheiben mitgekocht und wieder herausgenommen oder in kleinen Stücken durch eine Knoblauchpresse gedrückt: die faserigen Teile bleiben dann zurück. Man kann den Ingwer, vor allem den faserigen älteren, auch auf dem Reibeisen zerkleinern.

Mit Ingwer werden gewürzt: Suppen, Gemüse – vor allem Bohnen, Lauch und Karotten, Saucen, Hackfleisch, Leber, Geflügel, Wild, Schalentiere, Schinken, kalte Pasteten. Reibt man Hammel- oder Schweinefleisch vor dem Kochen oder Braten mit Ingwer ein, erhält es einen besonderen Geschmack. Mit Ingwer lassen sich auch Obstsalate, Kompotte, Süßspeisen, Tortenfüllungen verfeinern sowie süßsauer eingemachte Gurken und Kürbisse. Schließlich muß man auch die Backwaren erwähnen, vor allem aus dem weihnachtlichen Bereich wie Honigkuchen, Spekulatius und Printen, die mit Ingwer gewürzt werden, aber auch Gingerbread, das in England jahreszeitlich unabhängig gern gegessen wird.
Die Liste der Nahrungsmittel, in denen Ingwer enthalten ist, ist sehr lang. Erwähnt werden müßten noch Ingwermarmeladen – Marmeladen, die mit Ingwer verfeinert werden, Schokoladen, Marzipan, Pralinen, die Reihe der süßen mit Ingwer zubereiteten Getränke wie Ginger Ale, Ingwerbier, Colagetränke. Aus Jamaika-Ingwer wird ein Bitterlikör hergestellt. Schließlich wird auch in der Parfümerie Ingweröl als Duftstoff für orientalische Parfüms verwendet. Von dem kandierten Stem-Ingwer-Konfekt haben wir schon gesprochen, das eine wunderbare Ergänzung zu einem guten Tee ist. Ein letzter Hinweis: Gingerpulver ist auch ein wichtiger Bestandteil von guten Currys.

Kapern

Auf Malta habe ich es erlebt. Ich habe einer befreundeten Hausfrau beim Kochen zugeschaut. Plötzlich sagte sie: «Ich brauche Kapern, könntest Du mir von dem Busch neben der Haustür welche holen». Folgsam, wie ich durch jahrzehntelanges Co-Kochen mit dominanten Frauen, von meiner Mutter über meine Frau bis zu Kathrin geworden bin, trottete ich los, fand zwar den Busch, aber keine Kapern. Ich kehrte zurück, um zu fragen, bekam die Auskunft ich solle doch bitteschön einfach eine Handvoll kleiner Knospen bringen, das sei alles. Ich war auf Früchte vorbereitet, die Knospen überraschten mich. «Bei uns daheim sind Kapern immer in Gläsle», sagte ich, um meine Tapsigkeit zu entschuldigen. Der etwa meterhohe Strauch hatte zu meiner Freude auch noch Dornen, dafür ließen sich die noch festen Blütenknospen ohne Problem abpflücken. Natürlich war ich von der Einfachheit der Versorgung mit Kapern beeindruckt.

Die Kaperngewächse sind eine eigene Familie, die *Capparidaceae*. Der echte Kapernstrauch, *Capparis spinosa*, ist im Mittelmeergebiet daheim. Die Blütenknospen werden geerntet, wenn sie etwa erbsengroß sind. Man läßt sie einen Tag lang welken und legt sie dann in Essig oder in Salzwasser oder in Öl ein. Am reinsten und frischesten sind die in Salz konservierten. Kapern werden in verschiedenen Größen verkauft. Die kleinsten, feinsten, mildwürzigen heißen Nonpareilles; sehr kleine und feine Surfines oder Capucines. Mifines sind mittelgroß und kräftig. Die Communes, Capotes sind die größten. Sie sind bißfest und herzhaft. Damit sie kräftig würzen, müssen sie gehackt werden.

Es gibt deutliche Qualitätsunterschiede. Gute Kapern sind hart. Sie haben eine olivgrüne Farbe mit zarten Punkten auf der Oberfläche. Die besten Kapern kommen aus Südfrankreich. Ach ja, und gelegentlich werden Kapern gefälscht. Leider werden oft Hahnenfußgewächse zur Fälschung benutzt und die sind auch noch giftig. Nach dem Krieg hat meine Mutter eine Art Ersatzkapern hergestellt und zwar aus Löwenzahnknospen, die sie in Essig eingelegt hat. Die haben ganz ordentlich geschmeckt... wenn man nichts anderes hatte.

Kapern sollten nicht mitgekocht, sondern erst nach der Zubereitung beigefügt werden, weil sie sonst ihre Würze verlieren. Sie passen zu Frikassees, zu Hackfleisch, zu Ragouts, Aufschnitt, kaltem Fleisch, Fisch, Gemüsen, Remouladen, weißen Buttersaucen, Salaten, Garnituren. Leider werden sie aber in der deutschen Küche meist nur zur Zubereitung von Königsberger Klopsen verwendet, dabei können sie mit ihrem pikant bitteren, säuerlichen Geschmack gerade an sich milde Speisen, wie eben Buttersaucen akzentuieren.

Das Wort Kapern hört sich so kein bißchen «ausländisch» an und geht doch auf ein arabisches Wort zurück, auf das Wort «Kabar». Kapern werden schon in der Bibel erwähnt und waren wie das meiste in der Bibel Erwähnte in Ägypten bekannt und beliebt. Auch die Griechen haben die Kapernknospen schon in Essig eingelegt und geschätzt.
Dioscorides kennt Kapern, aber er warnt auch vor Kapern, die aus bestimmten Ländern kommen. So sagt er z.B.: «Kapern aus Afrika und vom Marmarameer blähen auf, solche aus Apulien erwecken Übelkeit und Erbrechen, die vom Roten Meer und aus Libyen verzehren das Zahnfleisch bis auf die Knochen.»

Kapern wirken appetitanregend. Sie stärken u.a. die Gefäßwände. Das sogenannte Kapern-tonicum, das im Mittelmeerraum weit verbreitet ist, wird allerdings nicht aus den Knospen, sondern aus den Wurzeln des Kapernstrauches hergestellt.

Kardamom

Wieder ist es ein Gewächs aus der Familie der Gewürzlilien, sozusagen eine Cousine des Ingwer und des Galgant: Kardamom, *Elettaria cardamomum*. Natürlich hat sie einen Wurzelstock wie jede Ingwerpflanze, natürlich sieht sie wie Schilf aus, mit langen lanzettförmigen Blättern, zwei Meter hoch, natürlich hat sie Blütenschäfte, die direkt aus der Wurzelknolle kommen, blattlos sind, sechzig Zentimeter lang werden und Blüten tragen. In diesen Fall sind es Rispen von weißen Einzelblüten mit einer gelben oder bläulichen Lippe. Aus ihrem Fruchtknoten entwickeln sich gut ein Zentimeter große, länglich eiförmige Kapseln, die mit drei Klappen aufspringen.
Die Heimat der Pflanze sind die tropischen Bergwälder von Malabar und Sri Lanka, das früher Ceylon hieß. Dort mag auch der Ort sein, wo Kardamom zuerst benutzt worden ist. Wahrscheinlich vor sehr langer Zeit. Denn schon vor 5000 Jahren, also um 3000 v. Chr. war Kardamom in Mesopotamien, im Zweistromland, bekannt. Vielleicht hatten schon viel früher Karawanen das Gewürz in die Städte an Euphrat und Tigris gebracht, hatten Produkte der hochentwickelten Kulturen Sumers und Akats im Gegenzug nach Indien mitgenommen, über die endlose Karawanenstraße durch die weiten Wüsten des persischen Hochlands.

Aber jetzt im 3. Jahrtausend vor Christus hatte die Menschheit einen bedeutenden Sprung nach vorne getan: Die Schrift war erfunden. Die Kaufleute brauchten sie und die Steuereinnehmer: In den Schreibstuben der sumerischen Städte wurde alles aufgeschrieben, was gekauft wurde und verkauft und die beschriebenen Tontafeln wurden in Archiven verwahrt.
So wissen wir um den Kardamom auf den Märkten zwischen Euphrat und Tigris 3000 Jahre vor unserer Zeit. Das nächste schriftliche Zeugnis kommt wenig später aus China. Kardamom gehörte also sehr früh zu den Produkten, die über die Seidenstraße vermarktet wurden.
Kardamom war nicht nur als Gewürz begehrt, sondern auch als Heilmittel. Der römische Dichter Vergil nennt den Kardamom asyrisch, was auf nichts anderes hinweist, als daß der Kardamom auch zu römischer Zeit auf den alten Karawanenstraßen des Orients transportiert wurde.
In der Dioscorides-Ausgabe des Jahres 1610 heißt es: «Die allerbesten Kardamömlin bringt man aus Comagene armenia und Bosphoro, wachsen auch in India und Arabia. Kardamomum

Kardamom

ist räß oder scharff und ein wenig bitter am Geschmack. Sein Geruch beschädigt das Haupt, erwärmet, ist gut mit Wasser getrunken, wider die Fallendsucht, den Husten, Wehthum und Schmerzen der Hüft, wider die verruckte Glieder und Grimmen des Bauchs... treibt er die breiten Bauchwurm aus. Ist gut mit Wein getrunken wider die Gebrechen der Nieren... Auch ist er gut wider die Skorpionstich und wider gegen alle andere giftige Tier, Stich und Biß.»

Daraus geht hervor, daß nicht nur Dioscorides zu seiner Zeit, also im Griechenland und Rom des dritten Jahrhunderts nach Christus, sondern auch das Mittelalter, das ihn als höchste Autorität betrachtete, dem Kardamömlin, wie man fast liebevoll sagte, eine hohe Wertschätzung entgegenbrachte. Im Parzifal des Wolfram von Eschenbach wird ein Prunkteppich beschrieben, bestehend aus Kardamom, Gewürznelken und Muskat. Alle drei von unschätzbarem Wert, wurden sie doch fast mit Gold aufgewogen.

Kardamom wird meist als ganze getrocknete Früchte gehandelt. Man läßt die Samen, die Träger des Aromas, in den Kapseln, bis man sie verwendet. Die winzigen Samen haben einen typischen angenehmen Geruch, sie schmekken süßlich, kräftig würzig und brennend. Nach Safran und Vanille ist Kardamom das teuerste Gewürz.

Wie bei vielen asiatischen Gewürzen wird der Großteil der Produktion des Kardamom in seiner Heimat verbraucht. Man nennt ihn dort in Indien die Königin der Gewürze. In Indien ist das Kauen von Betelblättern ein weit verbreiteter Genuß. In die gekalkten Blätter werden kleine Stücke der noch nicht reifen Betelnuß gegeben, die ein Gefühl des Wohlbehagens beim Kauen vermitteln, und eine gehörige Portion Kardamom mit seinem Wohlgeschmack.
Schon 2000 Jahre vor Christus haben die Ärzte des Ayurveda in Indien die Heilwirkung des Kardamom erkannt und wegen seiner antiseptischen Wirkung gegen Infektionen der Harnwege, gegen Magen-Darmstörungen, Fettleibigkeit und zur Anregung des ganzen Stoffwechsels eingesetzt. Bis heute verwenden ihn Ayurvedaärzte als schleimlösendes Mittel und zur Anregung des Herzens. (Vorsicht bei Bluthochdruck). Bei Alterserscheinungen wie Konzentrations- und Koordinationsschwäche empfehlen sie, täglich eine zerstoßene Kardamomkapsel mit einem Glas warmer gezuckerter Milch zu trinken.

Im übrigen ist Kardamom in Indien wesentlicher Bestandteil von Curry und anderen indischen Gewürzmischungen wie zum Beispiel Garam Masala. Diese Gewürzmischung hilft der Verdauung und wirkt appetitanregend.

Hier ein Rezept: 50 g schwarze Pfefferkörner, 50 g weißer Cuminsamen (Kreuzkümmel), 25 g schwarzer Cuminsamen, 25 g roter Kardamomsamen ohne Schale, 10 g Zimt, 5 g Nelken, 50 g Korianderpulver, 5 g Muskat, 5 g Meersalz, 3 g Asafötida.
Die Hälfte der Gewürze mit Ausnahme von Asafötida in einer trockenen Pfanne ohne Fett auf kleinster Flamme anrösten. Danach mit der ungerösteten Hälfte der Gewürze und Asafötida vermengen und mittelfein mahlen bzw. in einem Mörser mittelfein zerreiben. In einem gutschließenden Gefäß trocken aufbewahren.

In den Rezeptbüchern der Ayurvedaküche, die sich in unseren Buchhandlungen finden, gibt es wunderbare, vor allem Gemüserezepte, die mit Garam Masala gewürzt werden.

Hauptabnehmer des Kardamom ist Arabien, wo der Samen mit Kaffee zusammen gemahlen und zubereitet oder eine geöffnete Kardamomkapsel vor dem Einschenken des Kaffees in die Tasse gelegt wird. Oft wird auch eine Kardamomkapsel geöffnet in den Schnabel der Kaffeekanne geklemmt. Geschätzt wird dabei die anregende und stimulierende Wirkung, die der Kardamom auf Gehirn, Herz und Kreislauf hat, was in der Gluthitze Arabiens eine große Rolle spielt. Die Türken haben dieses Kaffeetrinken übernommen und von ihnen hinwiederum die Griechen. So erhält der Pilger, der in ein griechisches Kloster einkehrt, bis heute ein Glas kühles Wasser für den Durst, eine Süßigkeit für den Blutzuckerspiegel, eine Tasse Kaffee mit Kardamom und einen Schnaps für den Kreislauf.

Neben Arabien ist der zweitwichtigste Abnehmer von Kardamom – man käme nie darauf – Schweden. In Schweden wird das beliebte Kardamombrot damit gewürzt, daneben eine ganze Reihe von Gebäcksorten, Wurstsorten, Kuchen, heiße Getränke.

Kardamom wird bei uns vor allem für das Weihnachtsgebäck verwendet. Man ist geneigt, diese Zurückhaltung im Hinblick auf den Wohlgeschmack dieses kostbaren Gewürzes zu bedauern. Dabei würde Kardamom gut zu Suppen, Saucen, Pilaws, Obstkuchen, Kompotten, Obstsalaten, Schokoladen und Mokkadesserts passen. Aber was nicht ist, kann ja noch werden. Vielleicht habe ich die Leser ein wenig neugierig gemacht, und diese Neugierde wäre dann der Beginn von interessanten Küchenexperimenten mit Kardamom.

Von einer eigenartigen Verwendung des Kardamom möchte ich Ihnen zum Schluß berichten. In der orthodoxen Kirche ist es üblich, daß die Gläubigen am Ende von Gottesdiensten zum Gedenken an die Toten eine ganz bestimmte süße Speise essen: Koliva. Um Koliva zuzubereiten wird Weizenschrot über Nacht eingeweicht. Dieser eingeweichte Weizenschrot wird mit Zucker und Zimt gesüßt und gewürzt und mit Staubzucker verziert. Nach dem Gottesdienst essen alle Gläubigen von dieser Speise als Symbol der Gemeinschaft mit den Verstorbenen und als Ausdruck der Hoffnung auf Wiederauferstehung, wofür die Weizenkörner stehen. Denn so wie das tote Weizenkorn in die Erde gelegt wird und im kommenden Frühjahr wieder als Weizenpflanze aufgeht, so wird der Tote wieder auferstehen.
Die Mönche des heiligen Berges Athos haben ihr eigenes Koliva-Rezept, bei dem Kardamom eine wesentliche Rolle spielt. Wenn man die grünen Kardamomkörner röstet, werden sie rot. Und diese roten Kardamomkörner werden auf dem Athos unter das Koliva gemischt als Symbol der Liebe und der Hingabe an Gott.

Koriander

Bei den meisten Gewürzen ist es schwer, eine Wildform zu finden. Zu lange schon werden sie in der Küche benutzt, wird mit ihnen Handel getrieben, sind sie begehrtes Produkt. Ein Gewürz macht eine Ausnahme: der Koriander. Bis heute wächst er wild am Rande von Getreidefeldern. Kein Krieg ist um ihn geführt worden, keine Karawane mit ihm beladen. Er ist ganz einfach in den warmen Gegenden daheim, wächst und stellt sich den Köchen und denen die ihn nutzen wollen unkompliziert zur Verfügung. Wie Anis, wie Fenchel und wie Kerbel gehört er zu der Familie der Doldengewächse, lateinisch *Apiaceae* oder *Umbelliferae*. Er ist eine einjährige Pflanze und wird höchstens sechzig Zentimeter hoch.

Seine Blätter haben unterschiedliche Gestalt, aber sie haben auch eine merkwürdige Eigenart. Sie folgen dem Gesetz der Drei. An jeder Vergabelung entstehen drei Blatteile. Man könnte ihn also geradezu die Pflanze der Dreifaltigkeit nennen.

Im Frühjahr erscheinen Blätter mit verhältnismäßig kurzen Stielen und größerer Blattfläche. Sie produzieren mit ihrem Blattgrün die notwendigen Aufbaustoffe für die künftige Pflanze. Zu diesem Zeitpunkt ist Koriander zum ersten Mal interessant. Diese Blätter, denen in Nordafrika die Pflanze die Bezeichnung «Arabische Petersilie» verdankt und in Ostasien «Chinesische Petersilie», können zu einem wunderbaren Frühjahrssalat verwendet werden. Zum ersten Mal habe ich diesen Salat aus den zarten grünen Blättlein auf Zypern gegessen, bei der Mutter meines Freundes Andreas. Es war im Herbst. Nun werden Sie sagen, das sei ein Widerspruch, nachdem eben von Frühlingssalat die Rede war. Keineswegs. Wenn auf Zypern Mitte Oktober der erste Regen fällt, dann ist das wie Frühling und Herbst zugleich, denn die Blätter an den Bäumen sind braun und gelb und fallen ab, wie es sich für den Herbst gehört. Und zugleich ist Frühling, Blumen brechen aus der vertrockneten Erde, die Wiesen werden wieder grün.

Ich gebe ja zu, wenn man das junge frische Koriandergrün, das durchaus auch in unseren Gärten wächst, wenn man es vor der allfälligen Kälte im März und April schützt, in der Hand hat, dann riecht es schon ein klein wenig merkwürdig. Und manch einer mag vielleicht diesen Geruch nicht. Böse Menschen sagen von alters her, das Koriandergrün rieche nach Wanzen. Aber nun frage ich Sie, wer weiß schon noch wie Wanzen riechen? Ich nehme an, den meisten geht es wie mir. Sie sind vor dieser schrecklichen Erfahrung in ihrem Leben bewahrt geblieben. Aber die alten Griechen haben es vermutlich auch gewußt, als sie dem Koriander seinen Namen gaben. Koris, das heißt auf griechisch nichts anderes als Wanze. So trägt der Koriander auch in seiner botanischen, seiner lateinischen Bezeichnung die üble Nachrede mit: *coriandrum sativum.*

Aber zurück zu der grünen Pflanze. Wenn die unteren breiten, petersilienartigen Blätter niemand ißt, dann fallen sie beim weiteren Wachstum der Pflanze einfach ab. Die Pflanze entwickelt nun nach oben hin immer längere Blattstiele und immer feiner zerteilte Blätter. Da die Pflanze ja nun ausgewachsen ist, kann die Photosynthese auf Sparflamme laufen, die geringe Blattfläche spart Wasser und die Hitze des Sommers kann dem Koriander nichts antun. Dann erscheinen seine Blütendolden, die eine Besonderheit haben: Die seitlich an den Dolden sitzenden Blüten haben nach außen besonders lange Blütenblätter, so daß schließlich die Dolde ausschaut wie eine einzige Blüte. Mag sein, daß auf diese Weise kurzsichtige Insekten besser auf die Blüten aufmerksam werden. Wieder vergeht Zeit und aus den weißen, oft ins rötlich gehenden Blüten entstehen kugelige Früchte, die die Größe von Pfefferkörnern haben. Eines unterscheidet sie jedoch vom Pfeffer, sie haben rippenartige Verdickungen auf ihrer Oberfläche und in diesen Rippen sitzt das ätherische Öl, das die Koriandersamen zum Gewürz macht.

Aber auch beim Koriandersamen braucht es Zeit, bis der eigentliche feine Geschmack des Gewürzes zur Verfügung steht. Sind die Früchte noch grün, dann riechen sie genauso nach «Wanze» wie die grünen Blätter des Salates. Den einen stört's, den anderen nicht, aber als Gewürz braucht man den ausgereiften Samen. Darum werden die Dolden mit den Samenkörnern

Koriander

vollreif geerntet, das heißt sie müssen beginnen sich braun zu verfärben, dann sind sie reif. Allerdings fallen sie in diesem Zustand sehr leicht ab. Damit kein Samen verlorengeht, werden sie in den Morgenstunden geerntet, solange noch Tau auf den Pflanzen liegt. Danach werden die Dolden getrocknet und gedroschen: Der Koriander kann zum Würzen benutzt werden.

Wieder sind es die Schreiber Mesopotamiens, denen wir die erste Kunde von der Verwendung des Koriander in der Küche verdanken. Fast zeitgleich ist auch in Ägypten schon von Koriander die Rede. Aber zu diesem Zeitpunkt ist Koriander schon ein längst eingeführtes Gewürz. In der Jungsteinzeit, also mehr als zehntausend Jahre von uns aus zurückgerechnet, haben die Jäger und Sammler und frühen Bauern Koriander verwendet. Aus jener schriftlosen Zeit ist man allerdings auf die Funde angewiesen, die man in den Wohnstätten und an den Feuerstellen der Menschen gemacht hat. Und da gibt es Reste von Koriandersamen. Im frühen Persien haben die Hausfrauen ihn viel benutzt. In einem Grab im fernen Altaigebirge war Koriander eine der Grabbeigaben. Die Griechen scheinen ihn nicht so sehr geschätzt zu haben, wohl aber die Römer. Die bezogen ihn aus Ägypten. Im Apicius-Kochbuch der Römer soll es an die siebzig Rezepte mit Koriander geben. Natürlich haben die Versorgungsoffiziere der römischen Armee dafür gesorgt, daß die Soldaten für ihre spartanische Kost wenigstens Koriandergewürz hatten. So findet sich der Koriander in den Überresten der römischen Garnisonen.

Das Mittelalter hatte gleichwohl nicht viel für ihn übrig. Nur im Spanien der nordafrikanischen Araber wurde der Koriander viel gebraucht. Wie überhaupt der Koriander ein Lieblingsgewürz der Araber zu sein scheint. Als die Reconquista Spanien der spanischen Krone zurückerobert hatte, die Araber und die sefardischen Juden aus Spanien vertrieben waren, das Reich der Habsburger bis an den Atlantik reichte, kam Koriander in Mengen nach Mitteleuropa. Und es war nicht nur der Koriandersamen, sondern auch die Mode, in den Gärten Koriander anzubauen. So gehörte der Koriander bald zu den Gewürzen, die in einer warmen Ecke des Bauerngartens wuchsen. Und so kam auch der Koriander in die Wurst und vor allem auch in das Weihnachtsgebäck und alle Gebäckarten mit Gewürz: Lebkuchen, Basler Leckerli, Spekulatius etc. Aber nicht nur in diese, sondern auch ins Brot, in Saucen und Gemüse wie Kohlgerichte, Salate, Wild- und Wurstspeisen.

Mit ganzen Koriandersamen werden gewürzt: Lammfleisch, Geflügel, Fisch, Schalentiere, Gemüse, Pasteten. Mit gemahlenem Koriander, der ebenfalls mitgekocht wird, werden Leber, Zunge, Hackfleisch, Wurst, Krustentiere, Marinaden, Hülsenfrüchte, Chutneys und Kompotte gewürzt.

Koriander verträgt sich gut mit Gewürznelken, Lorbeer, Piment und Zwiebeln.

Neben den Samenkörnern findet vor allem in der asiatischen Küche auch das geschmähte Kraut Verwendung und ist Bestandteil von Currypulver.

In der Getränkeindustrie dient Koriander zur Herstellung von Likören und Gin.

In der Medizin wird das Korianderöl zur Geruchsverbesserung von Medikamenten verwendet und in Salben gegen Muskelschmerzen und Rheuma.

Valnet nennt als therapeutische Eigenschaften des Koriander bei innerlicher Anwendung: blähungsbekämpfend, magenstärkend, anregend. Nach Ansicht mancher Forscher soll Koriander das Gedächtnis stärken und aphrodisisch wirken. Äußerlich angewendet soll der Koriander rheumatische Schmerzen lindern. Ein Heiltee besteht aus einem Teelöffel Samen pro Tasse, mit kochendem Wasser überbrüht, nach zehn Minuten Ziehen. Eine Tasse nach jeder Mahlzeit.

Die Naturheilkunde empfiehlt Koriander als krampflösend, schleimlösend, harntreibend und verdauungsfördernd. Ein Tee aus Koriander und Ingwer, mit einer Messerspitze Pfeffer gewürzt und mit Honig gesüßt, soll bei Erkältung und Kopfschmerz helfen. Gegen Durchfall gibt man Sauermilch mit Koriander.

Die asiatische Heilkunde hält den Koriander auch für herzstärkend und ein Absud von Koriandersamen wird bei Bindehautentzündung zur Spülung angewendet.
Korianderöl gehört in jeden Melissengeist und das berühmte Toilettenwasser der Karmeliterinnen, das im 18. Jahrhundert große Erfolge hatte, verdankte diesen vor allem dem beigemischten Korianderöl.
Und selbstverständlich wird Korianderöl auch heute in der Parfümindustrie verwendet.

Zum Schluß noch ein Einkaufshinweis: Man unterscheidet marokkanischen und indischen Koriander. Der marokkanische Koriander ist kleiner, dunkler und schmeckt schärfer als der indische. Der indische hingegen ist hell, größer, fast eiförmig und schmeckt mild.

Kreuzkümmel

Kreuzkümmel heißt auch Cumin, Haferkümmel, Mutterkümmel, Pfaffenkümmel, Pfefferkümmel, Römischer Kümmel und Welscher Kümmel. Er ist mit dem gewöhnlichen Kümmel verwandt, hat aber ein anderes, besonderes, sehr eigenwilliges Aroma.
Wie der Koriander ist er ein einjähriges Doldengewächs der Familie *Apiaceae* oder *Umbelliferae*. Der Kreuzkümmel *(Cuminum cyminum)* hat zahlreiche Äste mit grasartig dünnen Blättern und weiße bis rötliche Blütendolden, die im Mai erscheinen. Die Früchte sehen aus wie Kümmel, schmecken aber scharf und pfefferartig bitter. Geruch und Geschmack des Kreuzkümmels sind hierzulande nicht nach jedermanns Gusto.

Kreuzkümmel

Seine Heimat scheinen Vorderasien und das östliche Mittelmeer zu sein. In Vorderasien und Ägypten war er früh bekannt und zwar nicht nur als Gewürz, sondern auch als Heilmittel, zum Beispiel gegen das sogenannte Dreitagefieber.

Und wie es bei Pflanzen mit starkem Duft geschieht, das Volk nahm an, daß Kreuzkümmel nicht nur Dämonen vertreibt, sondern auch Schlangen, Skorpione, Flöhe und Wanzen.
In den Küchen des Römischen Reiches in Griechenland und Rom, wurde Kreuzkümmel häufig verwendet, zumal ein anderer Kümmel, nämlich unser Wiesenkümmel, am Mittelmeer weder bekannt war noch überhaupt gedeiht. So ist auch immer Kreuzkümmel gemeint, wenn in mediterranen Rezepten von Kümmel die Rede ist. Jedenfalls wurde in Rom so viel Kreuzkümmel verbraucht, daß dieser ein wichtiges Importgut aus Vorderasien und Nordafrika war. Natürlich nahmen ihn die römischen Truppen in ihre Standorte in den römischen Provinzen mit. So kam er auch an den Rhein und an die Donau.

Das Wissen vom Kreuzkümmel ging wie so vieles im Germanensturm unter. Aber wahrscheinlich brachten ihn die Kreuzfahrer wieder mit und die Kaufleute, die mit dem muslimischen Spanien Handel trieben. Jedenfalls fehlt der Hinweis auf Kreuzkümmel, den Römischen Kümmel, in keinem mittelalterlichen Kochbuch. Man hat auch versucht, ihn in Mitteleuropa anzubauen, aber das Klima war für den Anbau im ganzen zu kühl.

Wahre Wunderdinge haben die Ärzte von ihm erwartet. So lese ich in der Dioscorides-Ausgabe von 1610, er sei gut gegen Leibschmerzen und starke Blähungen, gegen Atemnot, gegen Schlangenbisse, stoppe das Nasenbluten ebenso wie die Monatsblutungen.

Durch die Araber wurde der Kreuzkümmel überall am Mittelmeer verbreitet und die Spanier nahmen ihn mit in ihre mittel- und südamerikanischen Besitzungen. So ist er in den Ländern am Mittelmeer ein Brotgewürz und Couscous, das nordafrikanische Nationalgericht, wäre ohne Kreuzkümmel nicht denkbar. Auch das von manchen hochgeschätzte Chili con carne braucht den Kreuzkümmel als Zutat.

In der Küche unserer Großmütter spielte er gar keine Rolle, obwohl er bei seinem Vermögen, Blähungen zu beseitigen, sich als Gewürz gerade bei Kohl und Hülsenfrüchten anbietet. In Holland und Dänemark wird er indes als Käsegewürz verwendet.

Für die Inder ist Kreuzkümmel vor allem ein wesentlicher Bestandteil von Currys. Sie mischen ihn aber auch in andere Gewürzkompositionen wie Garam masala (s. Rezept, das wir beim Koriander zitiert haben). Aber nicht nur in Indien ist Kreuzkümmel der Bestandteil von Gewürzmischungen, auch im Maghreb wird eine spezielle Gewürzmischung auf der Basis von Kreuzkümmel hergestellt: *Ras el hanout.* Ras el hanout bedeutet nichts anderes als *Oberhaupt der Familie.* Sie müssen sich das so vorstellen: Von Zeit zu Zeit begibt sich der Chef einer marokkanischen Familie zum Gewürzhändler und läßt sich seine ganz spezielle Gewürzmischung herstellen, in der es durchaus neben den auch uns bekannten Gewürzen wie Kreuzkümmel, Kardamom, Koriander, Pfeffer, Paprika solche geben kann, wie das Aphrodisiakum Spanische Fliege und ... Haschisch.

Auch bei Kreuzkümmel, vorausgesetzt, daß man seinen Geruch und sein Aroma mag, würde es sich lohnen, Würzversuche zu machen. So könnte er zum Würzen von Reisgerichten, Suppen, Hackfleisch, Hülsenfrüchten, Eintöpfen, Broten, unterschiedlichen Kuchen verwendet werden.

Kubebenpfeffer

Eigentlich nur der Vollständigkeit halber sei er erwähnt: der Kubebenpfeffer. Wie manches, das die Bezeichnung Pfeffer trägt, hat auch der Kubebenpfeffer mit dem schwarzen Pfeffer als Gewürz nichts zu tun, obwohl er mit ihm verwandt ist. Sein lateinischer Name *Piper cubeba* weist darauf hin. Er ist in Madagaskar und auf indonesischen Inseln daheim, wächst an einem Strauch, der mehr als fünf Meter hoch werden kann und lange schmale Blätter hat, seine reifen Früchte sind wie beim schwarzen Pfeffer rot, aber etwas größer.

Wie beim schwarzen Pfeffer werden die Früchte vor der Reife geerntet und getrocknet. Sie enthalten den Stoff Cubebin, eine scharf, stark würzig schmeckende Substanz mit einem leichten Anklang an Kampfer.

Kubebenpfeffer ist seit alters her in Indien als Gewürz und Heilmittel bekannt. Die Araber nannten den Kubebenpfeffer das Indische Gewürz. Im 13. Jahrhundert brachten die Pfeffersäcke, die Gewürzhändler aus Venedig und Genua, den Kubebenpfeffer auch in Mitteleuropa auf den Markt und weil er etwas Besonderes war, für einen sehr hohen Preis.

Wenn man ein rares Gewürz teuer verkaufen will, so muß man ihm nur die richtige Eigenschaft anhängen. Mit «Aphrodisiakum» funktioniert das immer, vor allem die älteren Herren, die das Geld haben, denen es aber an anderem mangelt, geben das Geld gern für etwas aus, das ihnen hilft.

Ein spezieller Kubebenwein sollte « ... die eheliche Werck erreizen», wie es irgendwo heißt.
Aber der Kubebenpfeffer wurde auch zum wichtigen Gewürz für die Lebkuchen erklärt, die bekanntlich in den armen Zeiten des Mittelalters den armen Leuten einzeln zu Weihnachten geschenkt wurden und für ein Jahr lang getrocknet und zerbröselt in den verschiedensten Speisen das unerschwingliche Gewürz ersetzten. Daran erinnern die Lebkuchen, die man für die Zubereitung von «Karpfen polnisch» braucht, und die Lebkuchen in der Soße eines guten Sauerbratens.
Aber wohlschmeckende Lebkuchen ließen sich auch ohne Kubebenpfeffer backen und so ist er längst aus den Küchen und Backstuben Europas verschwunden. Vielleicht hat ein traditionsbewußter Apotheker noch ein barockes Porzellangefäß, auf dem mit verschnörkelter Schrift: *Fructus cubebae* steht. Und vielleicht ist noch ein Rest Kubebenpfeffer darin. Früher haben es die Ärzte bei Erkrankungen der Harnwege und Magenverstimmung verordnet. Sicher nur den wohlhabenden Patienten, denen immer schon die teuren Medikamente besser halfen als wohlfeile. Das ist halt der Menschen Seelenart! Dabei hat man aufpassen müssen, daß nicht zuviel eingenommen wurde, denn Kubebenpfeffer kann die Nieren und den Magen reizen.

Kümmel

Wenn man dieses Buch bis hierhin gelesen hat, dann muß man sich die Frage stellen, mit was haben eigentlich unsere Vorfahren, ehe die Römer kamen, ihr Essen gewürzt? Gewürze kommen offenbar aus fernen exotischen Ländern, auf abenteuerlichen Wegen und haben zumindest früher viel Geld gekostet. Nun ist man geneigt zu sagen, es gab ja Gewürzkräuter. Aber wenn ich mir die Liste der Gewürzkräuter vor Augen führe, da komme ich auch nur zu ein paar ganz wenigen, die in Mitteleuropa daheim sind. Schnittlauch zum Beispiel. Mag sein, daß unsere Vorfahren noch ein paar andere kannten, die längst vergessen sind, seitdem bei uns Majoran und Thymian und Oregano, Basilikum, Minze, Salbei wachsen – meist von den Klostergärtnern in unser Land gebracht.

Beim Gewürz gibt es eines, das hierzulande so daheim ist, daß irgendwo einmal vom deutschen Gewürz die Rede ist. Es ist so mitteleuropäisch, daß es am Mittelmeer gar nicht wächst. Die Rede ist vom Kümmel, lateinisch *Carvum carvi*, der auch Rotkümmel, Feldkümmel, Garbe, Kimich, Kumach, Wiesenkümmel heißt.

In den Wohnstätten jener Menschen, die nach der letzten Eiszeit in unserem Land lebten, Tiere jagten und Wildgemüse sammelten, finden sich die Samen des Kümmels. Darum ist auch gelegentlich von dem ältesten Gewürz die Rede, zumindest ist er das billigste. Er wächst ebenso dort, wo der Boden feucht ist wie an trockenen Plätzen. Er wächst auf Wiesen, im Flachland und in den Bergen. Wenn man im Sommer auf einer Alpmatte alle Viere von sich streckt, die Sonne auf den Bauch scheinen läßt und den ziehenden weißen Wolken nachträumt, dann ist der Kümmel an dem eigenartigen Duft beteiligt, den der Wind über die Matte weht. Darum heißt er auch Wiesenkümmel. Er gehört zu einer Familie, der wir in diesem Buch schon wiederholt begegnet sind. Er ist ein Doldenblütler und gehört in die Familie *Apiaceae* oder *Umbelliferae*.

Kümmel ist eine zweijährige Pflanze. Im ersten Jahr hat sie einfach nur ihre zartgefiederten Blätter. Die oberirdischen Teile der Pflanze sterben im Herbst ab und die Nährstoffe, die die Pflanze in diesem, ihrem ersten Jahr gesammelt hat, speichert sie in ihrer dicken Wurzel. Und aus dieser Wurzel sprießt im Frühjahr des nächsten Jahres eine neue Pflanze, die bis zu einem Meter hoch werden kann. Diese Pflanze blüht mit großen Dolden aus vielen kleinen weißen bis rötlichen Blüten, die sich dann im Hochsommer in Früchte verwandeln. Sie sehen wie winzige Bananen aus. Sie haben die berühmten Rippen, von denen schon beim Koriander die Rede war und in denen die Würzkraft in Gestalt von ätherischen Ölen sitzt. Jetzt braucht man nur die fruchttragenden Dolden zu ernten und schon hat man das wohlfeilste Gewürz, das man haben kann: den Kümmel.

In der Schweiz, so lese ich, hat man früher die Wiesen, auf denen viele Kümmelpflanzen wuchsen, nicht gemäht, um den Kümmel ernten zu können. Aber natürlich wird der Kümmel auch landwirtschaftlich angebaut. Bekannte Kümmelanbaugebiete sind Holland und Böhmen. In Holland wird seit langer Zeit Kümmel als Würze für den Gouda angebaut. Auch in Deutschland soll vor dem Krieg auf siebenhundert Hektar Kümmel angepflanzt worden sein. Aber wahrscheinlich wird sich auch dieser Anbau heute nicht mehr lohnen. Dabei ist Kümmelanbau so einfach. Beim Abernten des Kümmelfeldes, was heute selbstverständlich maschinell ge-

schehen kann, braucht man ja nur ein paar Kümmelpflanzen stehen zu lassen. Die säen ihren Samen ganz allein aufs Feld und sorgen so für die Ernte des übernächsten Jahres. Kümmel soll einen guten stickstoffreichen Lehmboden bevorzugen. Wenn man düngt, so soll es kein frischer Stallmist sein, d.h. er muß, ehe man ihn ausbringt, entsprechend lange auf dem Misthaufen vergoren sein.

Pflanzt man Kümmel an, dann hat man, und das könnte heute noch interessant sein, eine gute Bienenweide. Da der Kümmel – wie gesagt – im Mittelmeerraum und auch weiter südlich nicht gedeiht, fehlen alle Zeugnisse über seine Verwendung in der Antike. Anders gesagt: wenn in Heilmittel- und Kochbüchern des Altertums vom Kümmel die Rede ist, dann ist immer der Kreuzkümmel gemeint.

Nun sind die Römer ja höchst wahrscheinlich in ihren mitteleuropäischen Provinzen unserem Wiesenkümmel begegnet. Da er ein sehr feines Gewürz ist, ist durchaus anzunehmen, daß ihn die Köche der Militärkantinen in ihren Rezepten verwendeten. Aber das war auch alles und das ist erst noch bloße Annahme von mir. Bis nach Rom kam die Botschaft vom süßen Gewürz Kümmel wohl nie, zumal man mit etwas, das so gewöhnlich ist wie der Wiesenkümmel, so gewöhnlich, daß man sich nur nach ihm zu bücken braucht, auch nicht mit Erfolg Handel treiben kann. Für die, vor deren Nase er kostenlos wächst, ist er selbstverständlich nichts wert. So kommt der Kümmel auch im Mittelalter nur sehr spärlich in der Literatur vor. In den Klostergärten wurde er nicht angepflanzt, wozu auch, in der Medizin wurde er nicht verwendet und noch nicht einmal in den Küchen, wenn man den alten Kochrezepten glauben kann.
Um den Kümmel volkstümlich zu machen, brauchte es zunächst einmal andere Länder, in denen es keinen Kümmel gab und die ihn infolgedessen begeistert aufnahmen, zum Beispiel England.

Ab dem sechzehnten Jahrhundert wird es dann üblich, Kümmel als Zutat bei der Käseherstellung, beim Brotbacken zu verwenden, aber auch als Gewürz zu Suppen, fettem Fleisch und Fisch.

Heute wird der Kümmel als Gewürz vor allem zu Gemüse gegeben, dessen Eigengeschmack der Kümmel sanft unterstreicht. Er wird über neue Kartoffeln gestreut, aber vor allem in alle Sorten von Krautgerichten: Rotkraut, Weißkraut aber auch Sauerkraut.
So ist es kein Wunder, daß der meiste Kümmel in Deutschland in Bayern verbraucht wird. Auch ein Irish Stew ist nicht ohne Kümmel denkbar. Nun wird man sagen, ein Irish Stew sei eigentlich ein irisches Gericht. Das aber stimmt nur teilweise. Irish Stew hat sich vor allem im Badischen so eingebürgert, daß es ein fester Bestandteil unseres Küchenzettels ist, zumal Irish Stew das einzige mir bekannte badische Gericht ist, das mit Hammelfleisch zubereitet wird.

Bei der langen Geschichte, die der Kümmel in unserer Kultur hat, ist es kein Wunder, daß er auch im Aberglauben eine rechte Rolle spielt. Auch bei ihm gilt die Regel, was stark duftet, hat eine starke Abwehrkraft gegen böse Geister und Dämonen. So wird an manchen Orten Deutschlands eine Schale mit Kümmelsamen unter Kinderbetten aufgestellt, in denen die Kinder dann ruhig und unbehelligt von Alpträumen schlafen können. Der Kümmel, den man an vielen Orten ins Brot gibt, hat auch die Aufgabe, Hexen zu bannen, die Macht über das

Brot erlangen wollen.
Der beste Kümmel, so wird gesagt, sei der, den man zu Johanni erntet.

Eine gewisse Rolle spielt der Kümmel in der Volksmedizin, macht er doch als Gewürz Schwerverdauliches, vor allem auch Fettes bekömmlicher. So muß man auch den Kümmelschnaps erwähnen, der hierzulande die Verdauung unterstützt.
Das ätherische Öl der Früchte enthält zu 60% einen Stoff mit dem Namen Carvon, was durchaus mit dem lateinischen Namen *Carvum carvi* des Kümmels etwas zu tun hat. Dieses Öl verleiht dem Kümmel seinen spezifischen Geschmack. Dieses Kümmelöl wirkt krampflösend, es wirkt gegen Blähungen und als Anregung für die Verdauung.

Jean Valnet nennt als weitere Anwendungsgebiete für den Kümmel: Appetitlosigkeit, Verdauungsbeschwerden, nervöse Verdauungsstörungen, Magenkrämpfe, Schwindelzustände, Gärungen im Magen-Darm-Bereich, beschleunigten Herzschlag, Herzflattern, Darmparasiten, Menstruationsbeschwerden und ungenügende Muttermilchproduktion. Er empfiehlt einen Heiltee aus einem Teelöffel Kümmelsamen auf eine Tasse kochendes Wasser. Der Tee muß zehn Minuten ziehen und man sollte eine Tasse nach jeder Mahlzeit trinken. Man kann auch ein bis zwei Tropfen Kümmelessenz zwei- bis dreimal täglich in einem Gläschen Obstschnaps oder in Honigwasser zu sich nehmen.

Für einen Kümmelschnaps gibt er folgendes Rezept: 40 g Kümmelsamen, 200 g Zucker, 1 l Alkohol miteinander vermischen, acht bis zehn Tage ziehen lassen, dann filtern. Nach den Mahlzeiten ein kleines Glas trinken.
Zusammen mit dem Samen von Anis, Koriander und Fenchel, gehört Kümmel zu den «vier heißen Samen», die zu gleichen Teilen gemischt, Blähungen bekämpfen.

Martin Henglein empfiehlt:
Bei rheumatischen Kopf- und Zahnschmerzen Kümmelsäckchen auflegen, die zuvor auf dem Ofen erwärmt wurden. Weiter empfiehlt er Einreibungen bei Erkrankungen der Atemwege. Dazu gibt er auf 10 cm^3 Olivenöl zwei Tropfen Kümmelessenz. Außerdem die Einnahme von zwei Tropfen Kümmelessenz in Zucker oder Honig zweimal täglich.

Beim Einkauf beachten: je dunkler der Kümmelsamen ist, desto aromatischer ist er.

Kurkuma

Die Heimat der Gelbwurzel oder des Kurkuma, lateinisch *Curcuma longa*, ist in Südindien und im Malaiischen Archipel. Die Gelbwurzel gehört zu den Ingwergewächsen, lateinisch *Zingiberaceae*, und wie bei den Ingwerwurzeln üblich, besitzt sie einen Wurzelstock, Rhizom, aus dem die ein Meter hohe Staude mit, wie es heißt, ausgesprochen schönen Blättern aufwächst. Doch wie beim Ingwer und beim Galgant interessiert eigentlich nur der Rhizom. Er ist grünlich und wenn man ihn aufschneidet, sieht man, daß er im Innern durch und durch gelb gefärbt ist. Dieses Gelb kann unterschiedliche Farbtöne haben bis zu einem satten Orange. Es ist der gelbe Farbstoff Curcumin. Außerdem enthält die Wurzel Stärke und Eiweiß und bis zu 6% ätherisches Öl, von dem ein Öl namens Turmeron der Hauptbestandteil ist. Die Wurzel schmeckt ähnlich wie Ingwer, nur brennend scharf und ein klein wenig bitter. Angebaut wird die Gelbwurzel in ganz Süd-, Südost- und Ostasien und auf den Westindischen Inseln. Allein Indien produziert jährlich 120 000 Tonnen, von denen 10 000 Tonnen exportiert werden. Man kann die jungen Spitzen der Wurzelknollen essen und auch die jungen Triebe der Pflanze. Aber diese Verwendung als Gemüse ist absolut zweitrangig. Der Hauptverwendungszweck der Gelbwurzel besteht darin, daß die getrockneten Rhizome zu Mehl gemahlen werden. Dieses Mehl ist ein Hauptbestandteil von Curry, das ihm seine leuchtenden Farben mit verdankt. Aus dem Mehl wird aber auch der gelbe Farbstoff Curcumin gewonnen, der zum Färben von Stoffen, Leder, Wachs und Papier, aber vor allem auch von Lebensmitteln Verwendung findet. Manche Buttersorte, mancher Käse, mancher Senf und mancher Likör verdankt seine appetitliche gelbliche Farbe dem Curcumin. Wobei ich finde, daß mit Curcumin gefärbte Lebensmittel zum Beispiel Butter oder Käse keinerlei Anlaß zu Bedenken bieten. Man muß froh sein, daß keine Kunstfarben verwendet wurden.

Nun kann man Kurkuma auch als Gewürz verwenden. Man sagt ihm nach, es schmecke mild pfeffrig und leicht bitter. Es würze Reisgerichte, Geflügel, Krustentiere, Blumenkohl, Senfsaucen usw.

Auch im tropischen Südostasien werden Saucen, Fleisch und Eierspeisen mit dem unvermischten Kurkuma gewürzt.
Es ist sehr wahrscheinlich, daß die Gelbwurz schon im Altertum nach dem Westen gebracht wurde. Aber sicher weiß man es nicht. Die antiken Angaben über Farbstoffe und Färbepflanzen lassen sich nicht sicher zuordnen. Es gibt Texte im Alten Testament, aber auch im griechisch-römischen Kulturraum, die sich auf Gelbwurz beziehen könnten, aber es ist eben nur eine Möglichkeit. Sicher haben die Araber im frühen Mittelalter die Gelbwurz gekannt. Von ihnen und durch sie wurden das Gewürz und die Farbe dann auch in Europa bekannt.
Marco Polo berichtet in seinen Erzählungen von einem Gewürz, das wie Safran gelb färbe.

Eine größere Bedeutung erlangte die Gelbwurz in den europäischen Küchen nicht, sieht man von den Currys ab, durch die sie dann eben doch Einzug in unseren Küchenalltag gehalten hat.
Natürlich begegnet der Mitteleuropäer dem Kurkuma in chinesischen, indonesischen, indischen Restaurants. Aber das ist ein anderes Thema.

In dem wiederholt zitierten «Kursbuch gesunde

Ernährung» von Ingeborg Münzing-Ruef habe ich den Hinweis auf einen Kurkumatee gefunden, von dem wissenschaftlich nachgewiesen sei, daß er vor Gallensteinen schütze: Einen halben bis einen gestrichenen Teelöffel Pulver mit einer Tasse kochendem Wasser übergießen, nach fünf bis zehn Minuten abseihen, einige Wochen lang zwei bis drei Tassen täglich trinken, zum Beispiel wenn Verdacht auf Gallengrieß besteht.

Von Curry, das viel Kurkuma enthält, sagt Frau Münzing-Ruef, es handle sich um eine hervorragende Lebermedizin.

In einem Teebuch habe ich einen Kurkumatee

Kurkuma

gegen Gelenkschmerzen gefunden:
Man nimmt dazu 1 EL Kurkuma und gibt ihn in einen Topf mit 1/4 Liter kochendem Wasser. Es entsteht eine gelbe Paste, die leicht anbrennt und deswegen immer wieder mit einem Schneebesen umgerührt werden muß. Sie sollte 8 Minuten köcheln. Dann gibt man 1/2 Liter Milch dazu, rührt gut um und läßt unter weiterem Umrühren noch einmal kurz aufkochen. Dann wird mit Honig oder Rohrzucker gesüßt. Trinken Sie die «Goldene Milch», so heißt nämlich das Gebräu, in kleinen Schlucken.

Kurkuma wird in Asien auch als Glücksbringer angesehen. Der Grund liegt in der gelben Farbe, der Farbe der Sonne und des Lebens. So wird in ein Reisfeld eine Kurkumawurzel eingegraben, damit sie Glück in der Ernte bringt. Bräute färben sich vor der Hochzeit ihre Handinnenflächen mit Kurkuma gelb, um glücklich zu werden.

Mit Kurkuma werden auch die Gewänder der buddhistischen Mönche gefärbt, die in so charakteristischer Weise das Straßenbild in Indien und Thailand bestimmen.

Ich erinnere mich an meine erste Begegnung mit einem buddhistischen Mönch. Sie fand in unserem Fernsehstudio in Baden-Baden statt. Unsere Kulturabteilung hatte ihn eingeladen zu einem Deutschlandbesuch. Die Kamera begleitete ihn und er kommentierte all das, was er in unserem Land sah, was ihm zum Teil unverständlich blieb. Eine einzige Persönlichkeit wollte er sprechen: Martin Heidegger. Und so kam es zu einer unvergeßlichen Begegnung im Studio, deren Zeuge ich war. Es war Herbst und der Bikhu trug tagaus, tagein sein gelbes Mönchsgewand, das einen Arm und die Schulter frei ließ. Es war ein kühler und nasser Herbst. Er hat sich nicht einmal erkältet.

Lorbeer

Eines Tages machte sich Apollon, weiß der Himmel bei welcher Gelegenheit, vielleicht waren sie im Olymp wieder einmal dabei, dem Nektar zuzusprechen, über den kleinen Eros lustig und dessen zierlichen Bogen und seine niedlichen Pfeile. Da war er, Apollon, schon etwas anderes. Sein Bogen und seine Pfeile brachten den Tod in alle Welt.
Der junge Eros ärgerte sich. Er sann auf Rache. Gelegenheit gab es rasch. Hatte nicht Apollon jüngst eine Nymphe namens Daphne zufällig erspäht, als sie am Peneiosfluß ein Bad nahm und hatte ihre unverhüllte Schönheit nicht eine gewisse Schwäche in ihm geweckt. Da nahm Eros zwei Pfeile, den einen mit einer vergoldeten Spitze. Den schoß er dem Apollon direkt ins Herz, so daß dieser schier wahnsinnig wurde vor Liebe zu Daphne. Für Daphne aber legte Eros einen Pfeil mit bleierner Spitze auf den Bogen. Auch dieser Pfeil traf, allerdings mit der Wirkung, daß Daphne von nun an überhaupt nichts mehr von Männern wissen wollte. Dann nahm das Schicksal seinen Lauf. Die keusche Daphne und der liebestolle Apollon. So rannten sie hintereinander her durch die Wälder Griechenlands, die damals in sagenhafter Zeit wohl noch etwas ausgedehnter und dichter waren als heute. Kurz vor dem Fluß ihres Vaters Peneios hätte Apollon sie um ein Haar erwischt. Daphne betete um Rettung zu dem Flußgott und siehe da, ihre Füße verwandelten sich augenblicklich in Wurzeln und ihr Körper wurde zu

einem Lorbeerbaum, dem sie ihren Namen gab. Apollon war tief enttäuscht. Von nun an umkränzte er seine Leier, schließlich war er auch der Gott der Musik, seinen Köcher mit den tödlichen Pfeilen und sein Haupt mit Lorbeerlaub. Das alles geschah im griechischen Tempetal, durch den der Peneios fließt und durch das die Straße führt, auf der man von Athen nach Thessalien und Makedonien fährt. Im Tempetal haben in historischer Zeit Abgesandte aus Olympia die Lorbeerzweige geschnitten, aus denen die Kränze für die olympischen Sieger geflochten wurden.

Ich war im Tempetal. Wenn man von dem Brummen der Lkws absieht, ist es einer der schönsten Orte Griechenlands, kühl und frisch unter den Lorbeerbäumen, und wenn man die richtige Zeit erwischt, kann man noch immer dort dem Gott und der Nymphe begegnen.

Noch immer spielt der Lorbeer im religiösen Leben der Griechen eine Rolle. Am Palmsonntag, wenn der Einzug des Christus in Jerusalem gefeiert wird, bei dem die Bewohner von Jerusalem Palmzweige auf die Straße legten, damit Christus auf seinem Esel darüber reiten konnte, dann werden in den Kirchen in Ost und West Palmzweige an die Gläubigen verteilt, die sie mitnehmen in ihre Häuser. Bei uns im Schwarzwald sind diese Palmzweige meistens Zweige von den dunklen Thujabäumen. In Griechenland aber sind es Zweige von Lorbeerbäumen. Die Frauen nehmen sie mit in die Wohnungen, bekränzen die häusliche Ikone damit und wenn sie während des Jahres zum Kochen Lorbeer brauchen, dann holen sie an der Ikone die entsprechende Anzahl Blätter, womit wir beim Lorbeer als Gewürz wären.

Der Baum, lateinisch *Laurus nobilis*, ist ein Mitglied der Familie der Lorbeergewächse *Lauraceae*. Er kann bis zu zwölf Meter hoch werden oder auch nur ein Strauch bleiben. Seine Blätter, mit denen er dicht bedeckt ist, sind fünf bis zehn Zentimeter lang, nach beiden Seiten zugespitzt, glänzen dunkelgrün und haben einen aromatischen Duft. Der Lorbeerbaum blüht mit kleinen grünlich-gelben Blüten, die in Büscheln aus den Blattachseln hervorwachsen. Sie verwandeln sich in glänzend schwarze Beeren.

Der Lorbeerbaum liebt ein warmes Klima. Kälte und Frost sind seine Feinde. Vor Jahrmillionen war er über ganz Europa verbreitet. Erst durch die Eiszeiten wurde die Nordgrenze seiner Verbreitung nach Süden verschoben. Und doch wächst er noch wild auf der englischen Insel Wight, die durch den Golfstrom erwärmt wird. Draußen im Atlantik, auf den Kanarischen Inseln wächst sein Bruder, der *Laurus azorica*.

Blätter und Früchte des Lorbeers enthalten ätherische Öle, die den Lorbeer zum Heilmittel und Gewürz machen. Die Früchte kann man auspressen, das hat man schon in der Antike gemacht, und aus dem Öl Salben und Seifen herstellen. Man kann damit Insekten vertreiben und Likör herstellen.
Die Römer haben mit den Früchten Wurst, Geflügel und Fisch gewürzt.
Während man im Norden immer wieder versucht hat, den Lorbeer, der im Christentum als ein Symbol des ewigen Lebens gilt, wegen seinem Immergrün anzupflanzen, hat man offenbar bis in die Neuzeit mit dem Lorbeer als Gewürz nichts anzufangen gewußt.

Lorbeer

Im 16. Jahrhundert findet sich ein Hinweis, daß Lorbeer zum Konservieren von Fischen verwendet worden ist. Heute sind Lorbeerblätter ein verbreitetes Gewürz, während die «Lorbeeren» als Gewürz gar keine Rolle mehr spielen. In den Lorbeerhainen am Mittelmeer werden die Blätter zweijährig gepflückt und anschließend getrocknet. Lorbeer wird als Gewürz für Suppen, Gemüse, Sauerkraut, Fisch und Fleisch verwendet. Die Blätter werden mitgekocht, aber anschließend entfernt, weil man sie nicht essen kann. Die beste Würze haben frische dunkelgrüne Blätter, während die getrockneten Blätter ein schärferes Aroma haben mit ein wenig holzigem Beigeschmack. Lorbeer gehört in das berühmte Bouquet garni (Gewürzsträußchen aus Lorbeer, Petersilie, Thymian, Porree, Stangensellerie, Rosmarin und Salbei), das zum Aromatisieren von Suppen, Saucen und Schmorgerichten unabdingbar ist.

Auf Kreta und Zypern wird ein spezielles Fleischgericht zubereitet, das die Griechen Kleftiko nennen. Ursprünglich nannten die Griechen die früher verbreiteten Räuber 'Kleften'. Dieser Name ging später auf die Freiheitskämpfer über, weil diese sich genauso wie die Räuber vor den Polizeiorganen verstecken mußten. Um durch Feuer und Rauch im Gelände nicht aufzufallen, wurde für die Fleischzubereitung ein spezielles Verfahren entwickelt, eben das Kleftiko. Dazu wird zunächst ein Backofen oder die Steine einer Erdmulde durch Feuer zum Glühen gebracht. Dann werden Kartoffeln geschält und halbiert. Sie werden innen gesalzen, mit Meersalz wohlverstanden, es wird ein frisches Lorbeerblatt hineingelegt und ein mundgerechtes Stück Fleisch, natürlich Lammfleisch. Das Ganze wird in ein eingebuttertes Pergamentpapier gewickelt, dann in mehrere Lagen Zeitungspapier. Heute kommt als äußerste Schicht eine Alufolie um die so entstandene Kugel. Die Kugeln kommen dann in den weißglühenden Backofen, der anschließend mit Lehm zugemauert wird. Nach etwa zwei Stunden ist das Kleftiko fertig. Die Papierkugeln werden aus dem Ofen geholt und ausgepackt. Das Fleisch ist gar. Die Kartoffeln ebenfalls. Sie haben sich mit dem Saft des Fleisches vollgesaugt. Zusammen mit der Würze des Lorbeerblattes ergibt das Ganze einen einmaligen Kartoffelgeschmack. Von dem Fleisch gar nicht zu reden. Ich habe es ausprobiert. Man kann Kleftiko auch in einem normalen Elektrobackofen herstellen.

Lorbeer als Aufguß ist harntreibend und hilft bei Rheumaleiden. Das *Olium Lauri*, das Öl, das aus Blättern und Früchten gepreßt wird, wird nur noch äußerlich gebraucht. Man kann es zur Massage schmerzender Muskeln, Gelenke und geschwollener Beine verwenden. Es wirkt durchblutungsfördernd. Es wirkt daher gegen Rheuma, Zerrungen und Verstauchungen.
Mit Hilfe von Lorbeeröl reifen Pickel und Furunkel schneller. Schließlich hält es stechende Insekten fern.

Ein Einkaufstip: Die Lorbeerblätter müssen ganz und fleckenlos sein.

Muskat

Was wäre eine Nudelsuppe ohne Muskat, was ein Kartoffelbrei? Könnte man irgendeine weiße Sauce überhaupt essen oder Erbsen, Schwarzwurzeln gar? Hätte ein Fondue Charakter oder ein Raclette? Nein, ohne Muskat keine auch im Ansatz feine Küche! Beim Pfeffer wird es in diesem Buch heißen, daß er nach dem Salz das wichtigste Gewürz sei, aber dicht gefolgt wird er, was die Rolle in der Küche betrifft, vom Muskat.

Meine Mutter hatte einen merkwürdigen kleinen Gewürzkasten. Der sah aus wie ein Schrank. Er war etwa 30 Zentimeter hoch, hatte oben Verzierungen wie unsere alte Kuckucksuhr und besaß sechs Schubladen. Diese Schubladen hatten auf der Außenfläche je ein Emailschild mit einer wunderschönen Aufschrift. «Zimt» stand da, auf einem anderen Schild stand «Nelken», auf einem dritten «Vanille», auf dem vierten «Anis», schließlich «Pfeffer» und «Muskat».
Ich konnte die Schriften noch nicht lesen, als mich das Schränkchen zu interessieren begann. Ich mußte mir einen Küchenhocker an das Büffet schieben und hinaufklettern, damit ich an das Schränkchen kam.
Das Schränkchen duftete geheimnisvoll und ich versuchte, die einzelnen Düfte der jeweiligen Aufschrift, die mir meine Mutter immer wieder vorlesen mußte, zuzuordnen.
Ich zog die Schublädchen heraus und roch hinein. Aber beim besten Willen: es roch alles gleich. Meine Mutter hielt sich mit ihren Gewürzen einfach nicht an die Aufschriften und hatte in jedem Schublädle einfach alles. Nein, es roch keinesfalls schlecht – im Gegenteil: Diese Mischung der gängigen Gewürze ergab einen einzigartigen, für mich unvergeßlichen Wohlgeruch. Viel später ist mir dieser Duft wieder begegnet, bei einem Gewürzhändler. Die Schublädchen hatten mitten im Emailschild ein kleines Loch und darin steckte ein kleiner Schubladenknopf. Und auf einer Seite des Schränkchens hing am obersten Schubladenknopf ein kleines Reibeisen. Es sah genau so aus, wie die großen Reibeisen, auf denen meine Mutter z.B. die Zitronenschalen und die Meerrettichstangen gerieben hat. Es war das Reibeisen für die Muskatnüsse, die in einer der Schublädchen aufbewahrt wurden – ich meine mich zu erinnern, es war die mit der Aufschrift «Anis». Und die Muskatnüsse waren im übrigen Gewürzschränkle schon etwas besonderes. Da waren Tütle mit Zimt und Nelkenpulver, mit Vanillinzucker und Backpulver, mit Hirschhornsalz für die Springerle, da waren ganze Nelken und Zimtstangen ...und diese Nüsse. Wenn ich sie abgerieben habe mit dem Geschirrtuch und ein wenig mit einem Küchenmesser daran geschabt habe, dann haben sie ihren eigenen Duft gehabt: angenehm und süß und bitter und gewürzig. Sie haben mich fasziniert, diese Muskatnüsse. Und sie haben nach Ferne gerochen, nach Abenteuer auf fernen Inseln und nach Märchen: Sindbad der Seefahrer ließ grüßen.
Viel später habe ich dann die Bücher des großen griechischen Autors Kazantzakis gelesen. Die Geschichte seines Großvaters, der noch ein Pirat war und immer in seiner Hosentasche zwei Muskatnüsse mit sich trug, Erinnerung an die letzte Beute aus einer venezianischen Galeere. Ich hab's mir eine Zeitlang angewöhnt, auch eine Muskatnuß in der Tasche zu haben, mich ein wenig als Pirat fühlend ...und den Kretern nahe.

Dabei ist die Muskatnuß gar keine Nuß. Obwohl der Baum, an der sie wächst, sogar Muskatnußbaum heißt, lateinisch *Myristica fragrans*, ist sie keine Nuß – es ist viel komplizierter. Er ist ein immergrüner, nicht allzu hoher Baum mit einer dichtbelaubten Krone. Ursprünglich wuchs er auf den Molukken und den Bandainseln. Die Molukken – sie sind auf neueren Karten als Maluku eingetragen – und die benachbarten Bandainseln liegen zwischen Celebes, das heute Sulawesi heißt, und Neuguinea und wurden früher auch Gewürzinseln genannt. Daran waren die Muskatnußbäume natürlich mitschuld.

Die Botaniker sagen, der Muskatnußbaum sei zweihäusig. Und das heißt: es gibt männliche und weibliche Bäume. Also haben die Blüten, die in den Blattachseln stehen – allein, zu zweit oder zu dritt und aussehen wie Maiglöckchen – entweder männliche Staubfäden oder weibliche Stempel. Und aus diesen wachsen im Lauf von etwa neun Monaten Früchte. Sie haben eine deutliche Ähnlichkeit mit Pfirsichen. Aber sie springen, wenn sie reif sind, auf. Dazu haben sie rundherum so etwas wie eine Naht. Dann kommt der Kern zum Vorschein. Der ist von einer leuchtendroten Haut umgeben, dem Samenmantel. Dieser fleischige Samenmantel ist das Kostbarste, was die Pflanze liefert: Getrocknet ist er ein besonders feines Gewürz. Er heißt Muskatblüte – obwohl er ja überhaupt nichts mit einer Blüte zu tun hat, der Begriff Blüte soll die delikate Feinheit dieses Gewürzes betonen – oder Macis. Sein Geschmack ist wie der der «Nuß», nur eben feiner. Er enthält dieselben ätherischen Öle wie die «Nuß», aber in höherer Konzentration und in etwas anderer Verteilung. Entsprechend teurer ist und war Macis. Unter dem Macis kommt der steinharte Kern. Der wird mehrere Wochen lang getrocknet, bis der eigentliche Same beim Schütteln zu klappern beginnt. Dann wird dieser Kern aufgeschlagen und der Same kommt zum Vorschein: die Muskatnuß, die keine Nuß ist. Zum Schutz gegen Schimmel und Schädlinge werden die «Nüsse» gekalkt. Bei manchen Autoren heißt es aber, das Kalken sei ursprünglich erfolgt, um die Samen keimunfähig zu machen. Denn den Kolonialherren, die sich den Muskathandel gesichert hatten, lag daran, das Monopol zu behalten.

Eines hat mich beschäftigt, seit ich von der merkwürdigen Frucht des Muskatbaumes weiß: Sie sieht aus wie ein Pfirsich, aber wie schmeckt sie? Das habe ich schließlich herausgebracht: Man kann Konfitüre daraus machen und sie als Pickles einlegen. Also muß sie wohlschmeckend sein, vielleicht sogar süß.

Und damit sind wir bei der keinesfalls friedlichen Geschichte der Muskatnuß. Im asiatischen Raum war das Gewürz lange schon bekannt. Die frühesten schriftlichen Zeugnisse stammen aus China und zwar aus dem zweiten Jahrtausend vor Christus. Muskat wurde aber nicht nur als Gewürz verwendet, sondern als Rauschmittel. In größeren Mengen wirkt nämlich Muskat ähnlich wie Haschisch. Den frühen Handel betrieben die Bewohner der Inseln wohl selbst. Von ihnen kauften in den Gewürzzentren Indiens später arabische Händler Nüsse und Muskatblüte und brachten sie über das indische Meer und die Karawanenstraßen Arabiens ans Mittelmeer. Und nun war der Weg auch nach Europa offen. Es mag im 9. Jahrhundert gewesen sein, daß das Gewürz europäische Küchen erreichte. Bei der Länge und Schwierigkeit des Weges ist es kein Wunder, daß es entsprechend teuer war. Trotzdem wurde es im hohen Mittelalter neben Zimt, Nelken und Pfeffer zum beliebten Gewürz. Im Werk des Wolfram von Eschenbach ist vom Muskat die Rede. Und am Ende des 14. Jahrhunderts gibt es einen fahrenden Sänger der sich Muskatblüt nennt.
Es beginnt die Zeit der Entdeckungen. Indien

suchen sie auf dem Seeweg. Einer der Hauptgründe ist: Sie wollen zu den Zentren des Gewürzhandels, sie wollen ihn in die Hand bekommen. Sie suchen die Länder, wo der Pfeffer wächst und der Zimt, die Nelken und der Muskat. Die Portugiesen finden den Weg, der afrikanischen Küste entlang immer nach Süden, um das Kap der guten Hoffnung herum, über den indischen Ozean nach Osten. Sie erreichen die Pfefferküste Malabar. Und sie finden schließlich auch die sagenhaften Gewürzinseln Banda und Ambon, wo die Muskatbäume wachsen. Es ist das Jahr 1512. Lissabon wird Haupthandelsplatz für Muskat und Macis. Portugal wird reich. Aber es ist zu klein, um sein jetzt riesiges Kolonialreich halten zu können. Holland und England nehmen ihm seine kostbaren Eroberungen weg. Die Holländer werden um 1600 die Herren der Gewürzinseln und des Muskathandels. Die Bewohner der Molukken wurden zu Sklaven gemacht. Auf dem Versuch, Samen oder Setzlinge der Muskatbäume woandershin zu bringen stand die Todesstrafe. 200 Prozent Gewinn kalkulierten die holländischen Kaufleute auf den Muskathandel. Wenn die Preise zu verfallen drohten, wurde die Ernte vernichtet, entweder im Anbaugebiet oder, wie 1775, indem man die Speicher in Amsterdam anzündete.

Einem Franzosen namens Pierre Poivre gelang es trotz aller Sicherheitsmaßnahmen, den Muskatnußbaum zu entführen und in den französischen Besitzungen anzupflanzen. So kam der Muskatbaum nach Westindien, wo er bis heute angepflanzt wird – wie in den meisten tropischen Gebieten der Welt.
Die besten Muskatnüsse aber kommen bis heute von den Molukken. Dort gibt es große Plantagen von Muskatbäumen. Die meisten sind weiblich, ein paar wenige männliche Bäume genügen für die Bestäubung. Hohe Canarienbäume geben Schutz vor zuviel Sonne und Wind. Obwohl die Bäume das ganze Jahr über Früchte tragen, ist die Erntezeit nicht ohne Bedeutung. Nüsse aus der Märzernte sind die besten. Im Juli tragen die Bäume die meisten und die Nüsse aus dem November haben die geringste Qualität. Ein guter Baum trägt von seinem achten Jahr an, ab dem 15. Jahr erreicht er seine höchste Leistung. Von da an bringt er jährlich ca. 2000 Nüsse.

Eine Muskatnuß enthält etwa 7 bis 16% ätherische Öle. Hauptbestandteil ist ein Öl namens Myristicin. Myristicin ist eine recht gefährliche Substanz, sie ist in geringeren Dosen rauscherzeugend und in hohen Dosen giftig. Bereits das Myristicin einer halben Muskatnuß reicht unter Umständen aus, um einen Menschen zu töten.

Hauptverbraucher von Muskatnüssen und Macis ist heute Mitteleuropa. In den Niederlanden beträgt der Pro-Kopf-Verbrauch pro Jahr 60 Gramm, in Deutschland 25 Gramm und in der Schweiz 20 Gramm.
Muskatnüsse werden ganz oder als Pulver vertrieben. Da der geriebene Muskat sehr schnell sein Aroma verliert, empfiehlt es sich, ganze Nüsse zu kaufen und aufzubewahren. Im Bedarfsfall reibt man die benötigte geringe Menge mit einer Reibe ab. Macisstückchen sollte man erst vor dem Gebrauch im Mörser zerstoßen oder aber als Ganzes mitkochen und vor dem Servieren entfernen. Die Muskatnuß mit ihrem süßlich-bitteren, würzig-scharfen Aroma wird in der Küche vor allem zum Würzen von Suppen, Saucen, Würsten, Fleischspeisen, Gemüse, Käse, Süßspeisen und Weihnachtsgebäck verwendet. Außerdem gibt es Liköre, die ihr Aroma dem Muskat mit verdanken. Muskatöl und Muskatblütenöl spielen schließlich in der Kos-

Muskat

metik, bei der Seifen- und Parfümherstellung und in der Medizin eine Rolle.
Muskat wirkt anregend bei Kreislaufbeschwerden und niedrigem Blutdruck, indem er zusammenziehend auf Gefäße und Gewebe wirkt. Muskat hilft bei Blähungen, steigert die Körperkräfte, stärkt den Magen und soll in größeren Mengen (Vorsicht!!) sexuell stimulieren und die Monatsblutung anregen. Muskat wird vor allem empfohlen, wenn Kinder Durchfall, Erkältung und leichtes Fieber haben. Schließlich wird Muskatöl zum Einreiben bei Zerrungen, rheumatischen Beschwerden, Kopfschmerzen und Neuralgie empfohlen. In Dosen von mehr als 5 bis 10 Gramm wirkt Muskat als Rauschmittel und verursacht Krämpfe, Übelkeit und Schwindelanfälle. Die Wirkung von Alkohol wird durch Muskat verstärkt!

Nelken

Wahrscheinlich war der Venezianer Marco Polo der erste Westeuropäer, der ebenso den Muskatnußbaum wie den Nelkenbaum zu Gesicht bekam. In dem Buch «Il Milione», das er im Gefängnis in Genua seinem Mitgefangenen diktierte, heißt es im 164. Kapitel unter der Überschrift 'Die große Insel Java': «Es wachsen dort der Pfeffer, die Muskatnuß, die Narde, die Galgantwurzel, der Kubebenpfeffer, die Gewürznelken und jedes teure und seltene Gewürz, das es auf Erden gibt.» Marco Polo hatte in den Jahren 1271 bis 1295 nicht nur China sondern auch den ostasiatischen Raum zwischen Taiwan und Indien bereist, vor allem die indonesische Inselwelt. Und dort auf den Inseln in der Javasee sind sie daheim, der Muskatnußbaum und der Nelkenbaum.

Bis dahin war es überhaupt ein Geheimnis, wo Muskatnußbaum und Nelkenbaum wachsen. Malaiische Händler brachten Muskat und Gewürznelke nach Indien, arabische Händler kauften sie dort und brachten sie nach Arabien und ans Mittelmeer. Und sie alle schwiegen auf die Frage «woher», gaben keine oder ausweichende Antwort und erzählten phantastische Geschichten.

Der Gewürznelkenbaum, *Syzygium aromaticum,* gehört zu den Myrtengewächsen, *Mytaceae*. Es ist ein immergrüner Baum, der bis zu 20 Meter hoch wird. Er hat dunkelgrüne, glänzende, länglich eiförmige Blätter, die sich zum Stiel hin verjüngen. Er blüht mit roten Blütenböden und weißen Blumenblattkappen. Aus den Blüten entwickeln sich olivgrüne Früchte mit purpurfarbenem Fleisch, das meistens einen etwa drei Zentimeter langen Samen enthält. Sie waren früher als «Mutternelken» im Handel, hatten allerdings nur beschränkt Wert als Gewürz, wurden aber wie die Blattstiele des Baumes gemahlen und dem Nelkenpulver beigemengt. Mutternelken spielten allerdings in den magischen Manipulationen Ostasiens eine wichtige Rolle.

Das Gewürz, die Nelken, sind die Blütenknospen des Baumes. Sie werden entweder von Hand gepflückt oder mit Stangen vom Baum geschlagen. Sie sind rötlich, verfärben sich beim Trocknen an der Sonne braun, auch die vier Blütenblattansätze. Sie sind etwa 12 bis 18 Millimeter lang und haben die Form kleiner handgeschmiedeter Nägel. Daher der Name Nägelein, wie sie im Schwarzwald und in der Schweiz noch heute genannt werden. Mit den Blumen namens Nelken, den Gartennelken, den Lichtnelken usw. besteht keinerlei Verwandtschaft. Ihr Duft ist allerdings dem der Gewürznelke ähnlich.

Wie die Muskatnuß kamen Gewürznelken lange vor Christi Geburt nach China und Indien. Ihre wichtigste Rolle war aber weniger die eines Gewürzes als eines Heilmittels. Früh hatte man entdeckt, daß das in den Nelken enthaltene Nelkenöl (vor allem Eugenol) den Zahnschmerz zu lindern vermag. Man hat Nelken einfach gekaut. Das hatte noch einen anderen willkommenen Effekt: Mundgeruch wurde vertrieben. Nelkenöl spielt übrigens bis heute eine wichtige Rolle in der Hand der Zahnärzte. Und noch immer stillt ein Wattebausch getränkt mit Nelkenöl die Schmerzen eines kariesgeschädigten Zahnes auf der Reise, fern vom Zahnarzt. Etwa um die Zeitenwende erreichten die ersten Nelken das Mittelmeer. Alexandria, am Ende wichtiger Karawanenstraßen durch Arabien gelegen, wurde zum ersten Handelsplatz für Nelken. Aus Alexandria erhielten die Römer ihre Nelken. Sie würzten vor allem Geflügel mit dem exotischen Gewürz. Dieser Handel mit Nelken blieb über den Niedergang des Römischen Reiches hinaus bestehen. Im vierten Jahrhundert, so wird berichtet, schenkte der große Kaiser Konstantin dem Papst Silvester I. 150 Pfund Nelken. Welchen Wert muß das dargestellt haben! Bedenkt man die Länge des Weges von den fernen Gewürzinseln bis nach Rom, die vielen Händler, durch deren Hände das Gewürz ging, die vielen Schiff- und Karawanenführer, die das Gewürz transportierten, und die alle daran verdienen wollten, dann kann man sich den Preis vorstellen. Seit dem frühen Mittelalter war es dann Venedig, das den Handel mit Nelken im Westen kontrollierte. Venezianische Galeeren brachten das Gewürz aus den Häfen der Levante in die Lagunenstadt, wo es die Gewürzhändler Europas einkauften.

Die Kreuzzüge führten zu einer erheblichen Zunahme der Nachfrage. Nelken und Muskat waren der Luxus der Zeit. Damals waren die Nägelein, wie man sie nannte, die Nelken, Bestandteil von Wildgerichten der reichen Leute und von Lebkuchen.

Dann kam die Zeit der Entdeckungen. Der Weg nach Indien zu den Küsten der Gewürze war Ziel der Ausfahrt. Kolumbus meinte, er könne Indien erreichen, indem er westwärts fuhr, um die Welt herum. Und er entdeckte Land, Amerika, aber er glaubte bis er starb, Indien gefunden zu haben – das Land der Gewürze.

Die Portugiesen versuchten es schon vorher auf dem Weg nach Osten. Dazu hatte Heinrich der Seefahrer alles studiert, was es bis dahin an verläßlichen Berichten gab, hatte vor allem mit erfahrenen Arabern gesprochen. 1499 erreichen die Portugiesen Indien, 1512 bemächtigen sie sich der Gewürzinseln. Aber knapp 100 Jahre später verlieren sie diese an die Holländer. Und wie beim Muskat ging das Zentrum des europäischen Gewürzhandels, das während des ganzen Mittelalters Venedig war, jetzt von Lissabon nach Amsterdam über. Und wie bei den Muskatnußbäumen versuchten die Holländer auch das Anbaumonopol für Gewürznelkenbäume abzusichern.

Die Bewohner ganzer Inseln wurden ausgerottet, ebenso wie deren Nelkenbäume. Es wurde versucht, den Anbau der Nelken auf eine überwachbare Insel, Amboina, zu konzentrieren. Dazu kreuzten ständig Einheiten der holländischen Flotte zwischen den Inseln, um Nelkenschmuggler aufzubringen. Wer erwischt wurde, kam an den Pranger und dann auf Gefängnisinseln mit unmenschlichen Lebensbedingungen. Aber die Vögel scherten sich nicht um menschliche Gesetze. Sie trugen immer wieder Samen der Nelkenbäume auf andere Inseln. Also entsandte die holländische Armee Jahr für Jahr Soldaten auf die Inseln des indonesischen Archipels, um alle neu aufgegangenen Nelkenbäume auszureißen. 200 Jahre konnte das Monopol gehalten werden. Dann entführte der Franzose Pierre Poivre nicht nur Muskatnußsetzlinge sondern auch Nelkenbäume und brachte sie nach Mauritius und dann auch in die französischen Besitzungen in Südamerika. Das war 1770. Ehe es mit dem französischen Königtum 1789 zu Ende ging, konnte Poivre seinem König noch französische Nelken überreichen.

Auf die Insel Sansibar, die heute den höchsten Anteil am Nelkenexport hat, brachte 1793 ein Araber die ersten Nelkenbaumsetzlinge.

Neben Sansibar sind das ebenfalls zu Tansania gehörende Pemba, Indonesien mit den ehemaligen Gewürzinseln, Brasilien und Madagaskar die wichtigsten Nelkenlieferanten des Weltmarktes.

Nelken gibt es sowohl ganz als auch gemahlen. Da das Nelkenpulver relativ schnell sein Aroma verliert, ist es besser, ganze Nelken beim Kochen zu verwenden und diese vor dem Servieren gegebenenfalls zu entfernen.

Nelken

Mit Nelken werden gewürzt: Braten – vor allem Schwein und Lamm, auch Sauerbraten, Zunge, Rouladen, Geflügel, Wild, Bratensaucen, Fleischsuppen, Rotkraut, Kompotte, Glühwein, Punsch, Marinaden, Weihnachtsgebäck.
Nelken wirken anregend, steigern die Durchblutung, sie regen den Appetit an, helfen beim Verdauen von fetten Speisen, ebenso bei Blähungen, Koliken, Übelkeit, Erbrechen.
Bei Kopfschmerzen inhaliert man Nelkenöl. Bei Erkältungen helfen Nelkentee oder Glühwein mit Nelken, beide sind auch Hausmittel bei gestreßten Nerven, sie entspannen und vermindern Angstgefühle. Bei Heufieber und Schnupfen hilft ebenfalls ein Nelkentee. Aus Nelkenöl und Alkohol kann man ein Einreibemittel bei Rheuma und Arthritis herstellen. Ein Tee aus Nelken, Zimt und Ingwer hilft, eine schwere Mahlzeit zu verdauen. 15 Minuten ziehen lassen!

Die antiseptische Wirkung der Nelken war schon im Mittelalter bekannt. In Pestzeiten trugen die Ärzte Ketten von Nelken um den Hals, die sie bei der Untersuchung der Kranken in den Mund nahmen, um nicht angesteckt zu werden.

Die meisten Kräuterliköre enthalten Nelken, meist als Nelkenöl. Nelkenöl dient in der Medizin als Magenmittel, Antiseptikum und Anregungsmittel. In der Zahnmedizin ist Nelkenöl unentbehrlich.
Nelkenöl wird auch in der Parfüm- und Kosmetikindustrie verwendet.
40 000 Tonnen Nelken werden jährlich in Indonesien zur Herstellung der weit verbreiteten Kretek-Zigaretten verwendet.
Schließlich sind Nelken auch Bestandteil von Currys.

Ein Leinensäckchen mit Nelken soll im Kleiderschrank die Motten fernhalten. Man kann auch eine Apfelsine dicht mit Nelken bestecken und diese Duftkugel im Raum aufhängen. Im Schrank aufgehängt, vertreibt auch sie die Motten. Man kann Nelken auch als Kette als Schutz vor Ansteckung um den Hals tragen.

Paprika

Paprika

Das Thema Paprika hat seine Schwierigkeiten. Weil nämlich unter dem Stichwort Cayennepfeffer schon vieles gesagt wurde, was zum Paprika gehört. Zu nahe sind die beiden Paprika-Arten miteinander verwandt. *Capsicum frutescens* – die Chilischote, aus der Cayennepfeffer wird – und *Capsicum annuum,* der Gemüsepaprika. Beide Paprika-Arten gehören zu der Familie der Nachtschattengewächse, sind also mit Kartoffel verwandt und mit Tomate, alles Einwanderer aus Amerika. Der Paprika ist in Mittel- und Südamerika daheim und die indianischen Bewohner dieser Gegenden haben Paprika seit undenklicher Zeit als Gemüse und Gewürz verwendet. Paprika brachte vor allem Farbe in den langweiligen Getreidebrei, der das Hauptnahrungsmittel der Indianer war. Natürlich wurden die Spanier schnell auf das Gewürz aufmerksam, waren sie doch auf der Suche nach Pfeffer und außerdem der Meinung, sie seien an der Ostküste des Pfefferlandes Indien gelandet (drum heißen ja die armen Indianer bis heute «Indi»aner). Dr. Chanca, was der Leibarzt des Christoph Kolumbus war, hat Samen und Früchte gleich als Mitbringsel nach Spanien mitgenommen. Und siehe da, die Pflanze gedieh auch in Spanien. Darauf nannte man das ganze «spanischer Pfeffer». 1553 erschien das erste Kräuterbuch, in dem der Paprika sogar abgebildet war. Es erschien in Nürnberg und wurde von einem Apotheker namens Georg Oellinger veröffentlicht. Zunächst blieb die Kultur des Paprika auf die Länder am Mittelmeer konzentriert. Die nächsten, die den Paprika mit großem Erfolg anbauten, waren die Türken, der Paprika hieß nun «türkischer Pfeffer». Und mit den Türken wanderte der Paprika balkanaufwärts und erreichte jenes Land, das von da an das Land des Paprika sein sollte: Ungarn. Dort wird erzählt, daß das ungarische Dienstmädchen des Pascha Mehmed in Buda die Pflanze aus dem Garten ihres Herrn geklaut und in ihrem Dorf mit Erfolg angebaut habe. Und seitdem kann man in Ungarn eigentlich gar nicht mehr kochen ohne Paprika. Was wäre Gulasch ohne Paprika oder die wunderbare ungarische Salami, die die allerfeinste aller Salamis ist! Und in Ungarn entstanden durch Zucht alle möglichen Formen von Paprika. Gemüsepaprika und Gewürzpaprika. Inzwischen wachsen auch in unseren Gärten Paprikapflanzen meist neben ihren Vettern, den Tomaten. Sie liefern allerdings Gemüsepaprika, der wegen seinem hohen Gehalt an Vitamin C in der Ernährung bedeutsam ist. Kein anderes Gemüse, Obst eingeschlossen, enthält soviel Vitamin C.

Paprika als Gewürz ist drauf und dran, in Deutschland dem Pfeffer den Rang als wichtigstes Gewürz abzulaufen. Jeder Bundesbürger verbraucht 140 Gramm Paprikagewürz pro Jahr. Paprika ist als Gewürz nicht nur scharf, sondern je nach Sorte auch von einer feinen Süße.

Chili, sprich Cayennepfeffer und Paprika enthalten als scharfe Geschmackskomponente den Stoff Capsaicin. Chili in sehr hoher Konzentration, Paprika weniger. Bei beiden sitzt die «Schärfe» vor allem in den Samen und in den Leisten, auf denen im Inneren der «Beeren» die Samen sitzen.

Paprikaschoten sind botanisch betrachtet keine Schoten, sondern «Beeren». Gewürzpaprika sind kleine Paprikaschoten, man sagt je kleiner, desto schärfer. Sie werden getrocknet und gemahlen. Es gibt sie in unterschiedlichen Schärfen und Aromasorten. Die mildeste Sorte ist «delikateß», es folgen «edelsüß» aus Fruchtfleisch und wenig Samen, ein würzig mildes Gewürz, «halbscharf», «halbsüß» mit blasserer Farbe und etwas schärferem Aroma, schließlich der schärfste Paprika: «Rosenpaprika», der aus ganzen Früchten einschließlich ihrer Samen getrocknet und gemahlen wird. Beim Kochen muß man darauf achten, daß heißes Fett die Würzkraft des Paprika zwar zunächst kurz entfaltet, dann aber zerstört – der Paprika wird bitter.

Paprika enthält große Mengen an Farbstoff in Form von Karotin. Deshalb füttert man Hühner, die in ihren Käfigen zuwenig Sonnenlicht haben und deren Eidotter Gefahr laufen, blaß zu sein, mit Paprika. So legen die Hühner Eier mit wunderschön gelben Dottern, als wären sie Hühner, die frei laufen dürfen...

Paprika gehört als Würze an Fleisch, an Saucen und Suppen, an Gemüse.

Pfeffer

Was steht auf jedem Wirtshaustisch? Ein Behälter mit Salz und ein Behälter mit gemahlenem Pfeffer. Und damit ist eigentlich alles gesagt über die beiden wichtigsten Gewürze: Salz und Pfeffer. In dieser Reihenfolge. Alle anderen Gewürze haben ihren Platz dahinter. Man kann streiten, welches Gewürz nach Salz und Pfeffer kommt, Muskat vielleicht oder Zimt oder Nelken.

Dabei ist der gemahlene Pfeffer auf dem Tisch eine vergängliche Sache, die leicht und schnell ihr besonderes Aroma verliert und schließlich auch seine Schärfe. Aber Schärfe ist es eben nicht allein, was den Pfeffer ausmacht. Darum ist die Pfeffermühle dem Pfefferstreuer allemal vorzuziehen. Frisch gemahlener Pfeffer hat das Aroma in Fülle, und ist nicht nur scharf.

Im Zweiten Weltkrieg, als die Zeit deutscher Niederlagen noch nicht angebrochen war, brachten die Soldaten, die auf Urlaub heimkamen, gern ihren Angehörigen und Freunden Geschenke mit. Rare Dinge meist, die es hierzulande nicht gab. Parfüm und Cognac aus Frankreich zum Beispiel. Die Frage nach dem «Woher» wurde nach meiner Erinnerung selten oder gar nicht gestellt. Nehmen wir halt an, die Mitbringsel waren regulär gekauft oder stammten wenigstens aus «herrenlosem Gut», das es sicherlich in verlassenen Militärversorgungslagern des Gegners auch gab. Kurz – einer von denen, die zum Urlaub heimkamen aus Frankreich oder dem Rußland der frühen Siege, brachte meiner Mutter ein Kilo Pfeffer mit. Es war ein großes Paket aus einem dicken braunen Papier, rundherum verklebt, mit einer Aufschrift in fremder Sprache. Ich erinnere mich, daß ich enttäuscht war, denn ich hatte etwas anderes erwartet. Ich weiß nicht einmal, ob meine Mutter den Schatz abzuschätzen wußte, den sie in den Händen hielt. Jedenfalls war es ein Schatz. Nicht sofort. Aber die Zeiten änderten sich bekanntlich. Es kam die Zeit der Niederlagen und schließlich die große Niederlage. Meine Mutter hatte noch immer Pfeffer. Und dann kam der Tag, als die Verwandten aus dem Hexental kamen und bei meiner Mutter Pfeffer bettelten. Sie wollten schlachten und es gab keinerlei Gewürz zu kaufen. Und nun verwandelte sich der Pfeffer meiner Mutter nach und nach in Fleisch und Würste, die uns die Verwandten zum Dank brachten. Der Pfeffer war wieder so kostbar wie im Mittelalter, als man ihn mit Gold aufwog und Pfefferkorn für Pfefferkorn verkaufte. 600 Prozent betrug die Gewinnspanne der Gewürzhändler, die den Pfeffer in Venedig einkauften. Wieviel Prozent verdienten die venezianischen Händler beim Transport aus der Levante übers Mittelmeer und die Karawanenführer zwischen Aden und Alexandria und die arabischen Seefahrer, die den Pfeffer an der Pfefferküste Indiens eingekauft hatten und ihn auf ihren Daus übers arabische Meer nach Aden brachten? Wie oft vervielfachte der Pfeffer seinen Preis vom indischen Erzeuger bis auf den europäischen Tisch des Mittelalters und der Neuzeit? So stammt der Ausdruck «gepfefferte Rechnungen» aus der Zeit der «Pfeffersäcke», wie man in der beginnenden Neuzeit die Gewürzhändler vom Typ der Fugger vermutlich ebenso neidisch wie böse nannte. Und der Gewürzhandel, speziell der mit den «Paradiessamen», wie die Venezianer den Pfeffer nicht ohne Grund nannten, war ein Geschäft ersten Ranges.

Wann der Pfeffer zum ersten Mal nach dem Westen kam ist ungewiß. In Indien, wo der Pfeffer daheim ist, scheint er bereits früh den langweiligen Brei verfeinert zu haben. Manche sagen, bereits vor 3000 Jahren hätte man in Indien Pfeffer als Gewürz benutzt. Ein alter Ayurvedatext jedenfalls sagt: «Der scharf-beißende Geschmack reinigt den Mund, regt das Verdauungsfeuer an, trocknet die Nahrung aus und schärft die Sinnesorgane. Er gibt der Nahrung Würze, beseitigt Verstopfung und unterstützt die Ausscheidung». Und schwarze Pfefferkörner sind die Grundlage für eine Reihe von Gewürzmischungen, die sogenannten Garam Masalas, die «heißen» Gewürzmischungen.

Mit den Reitern Alexander des Großen, so sagt man, kam die erste Kunde vom Pfeffer nach Griechenland. Es war um das Jahr 330 vor Christus, als Alexander seinen berühmten Feldzug nach Indien unternahm. Ob davor Pfeffer aus dem legendären Saba nach Ägypten, nach Israel, an das Mittelmeer kam – vielleicht. Die erste schriftliche Kunde ist griechisch. Hippokrates, der berühmteste Arzt der Antike, erwähnt Peperi, Pfeffer, als Heilmittel. Wenn der Text wirklich von Hippokrates stammt – das weiß man bei seinen Werken nicht so genau, andere haben gern unter seinem Namen geschrieben –, dann hat Hippokrates den Pfeffer noch vor des Alexanders Zug gekannt. Aber auch die anderen antiken Ärzte von Theophrastos, er lebte etwa von 372 bis 288 vor Christus, über Dioscorides und Plinius den Älteren, beide im 1. Jahrhundert nach Christus, empfehlen den Pfeffer als Medizin vor allem bei Augenleiden. Zu Beginn der Kaiserzeit, also im Jahrhundert vor Christus, wahrscheinlich gleichzeitig mit dem Muskat, beginnt der Siegeszug des Pfeffers in der römischen Küche. Im Kochbuch des Apicius, dem Handbuch römischer Kochkunst, gibt es nur wenige Rezepte, die nicht mit dem Satz beginnen: Stampfe Pfeffer...

Aus dem griechischen «Peperi» wurde das römische «Piper» und daraus dann das deutsche «Pfeffer», das englische «Pepper» und auch noch das französische «Poivre». Auch in Rom war der Pfeffer schon ein kostbares Gewürz, vor allem ein teures. Als 408 n. Chr. der Westgotenkönig Alarich Rom belagerte, forderte er von den Römern 3000 Pfund Pfeffer für seinen Abzug. Der Hunnenkönig Attila gab dem oströmischen Kaiser Theodosius etwa um die selbe Zeit das Versprechen, Konstantinopel zu verschonen gegen ein Lösegeld in Form von Pfeffer. Im Mittelalter blieb Pfeffer das hochbegehrte Gewürz, das sich allerdings nur reiche Leute leisten konnten. Pfeffer wurde damals in für uns unvorstellbaren Mengen den Speisen zugesetzt. Er muß den Geschmack der Speisen völlig überdeckt haben. Bei der Hochzeit Karl des Kühnen im Jahr 1468 wurden 380 Pfund Pfeffer verbraucht. Es wird allerdings auch behauptet, in jenen Zeiten ohne Kühlschrank habe der Pfeffer auch die Aufgabe gehabt, den Hautgout von nicht mehr frischem Fleisch zu kaschieren.
Der riesige Bedarf an Pfeffer einerseits und der hohe Preis andererseits brachten die Suche nach dem Land «wo der Pfeffer wächst» in Gang. 1498 landete Vasco da Gama nach einer abenteuerlichen Fahrt um Afrika herum an der indischen Pfefferküste Malabar. Jetzt kamen ganze Schiffsladungen Pfeffer und – mit ihm – anderer Gewürze nach Lissabon. Und obwohl die portugiesischen Gewürzhändler nicht 600 Prozent Gewinn kalkulierten, sondern 1100 Prozent, war der direkt bei den Pfeffererzeugern gekaufte Pfeffer immer noch billiger, als der Pfeffer aus Venedig mit seinem langen komplizierten Handelsweg. Und damit begann für Venedig und die anderen Zentren des Gewürzhandels am Mittelmeer der Abstieg, das reiche Venedig sollte sich nie mehr erholen. Nach Lissabon war Amsterdam das Zentrum des Pfefferhandels und danach London. Die Konkurrenz machte den Pfeffer immer billiger. Seit dem letzten Jahrhundert kann sich jeder Mitteleuropäer Pfeffer leisten und die Pfeffermühle steht in jeder Küche. Heute verbraucht jeder Bundesbürger 140 Gramm Pfeffer jährlich.

Pfeffer, lateinisch *Piper nigrum,* ist eine Pflanze aus der Familie der Pfeffergewächse, *Piperaceae*. Diese Familie umfaßt etwa 700 Arten, *Piper nigrum* ist eine davon. Pfeffer ist eine Kletterpflanze, die mit Hilfe von Haftwurzeln an Stützbäumen bis zu zehn Meter hochsteigt, vergleichbar mit der wilden Rebe. Ihre Heimat liegt wahrscheinlich an der indischen Malabarküste, wo der Pfeffer im Urwald wild wächst.
Seine schmalen herzförmigen Blätter werden bis 18 Zentimeter lang. Pfeffer blüht in 15 Zentimeter langen unscheinbaren, grünlichen Ähren. Die einzelne Blüte hat keine Blütenblätter, besteht nur aus Staubgefäßen und Fruchtknoten. Aus den 20 bis 50 Fruchtknoten entwickeln sich fleischige Kugelfrüchte, die sich von Grün über Gelblich zu Rot entwickeln. Die grünen, unreifen Pfefferfrüchte schmecken aromatisch, fruchtig-scharf, sie werden unmittelbar nach dem Pflücken in Salzlake, Essig oder Alkohol eingelegt und kommen so auf den Markt. Es gibt auch tiefgefrorene grüne Pfefferkörner. Ebenfalls aus unreifen, grün geernteten Pfefferfrüchten entsteht durch Trocknen – entweder an der Sonne oder in Trockenöfen – der schwarze Pfeffer mit seinem runzligen Äußeren. Weißer Pfeffer gewinnt man aus den reifen roten Pfefferfrüchten, die bis zu fünf Zentimeter Durchmesser haben können. Sie werden nach der Ernte in Wasser eingeweicht und das rote Fruchtfleisch wird abgelöst. Zum Vorschein kommt der weiße Kern der Frucht, der ebenfalls getrocknet wird.

Und der rote Pfeffer, der manchmal so dekorativ in durchsichtigen Pfeffermühlen zu sehen ist? Er ist gar kein Pfeffer, sondern stammt vom Pfefferbaum, lateinisch Schinus molle, der zu den Sumachgewächsen gehört. Er schmeckt noch nicht einmal besonders, sondern ist einfach nur wegen seiner roten Farbe in der Mischung.

Die Schärfe des Pfeffers kommt von einem Stoff namens Piperin. Außerdem enthält der Pfeffer Aromastoffe (ätherische Öle und Harze). Weißer Pfeffer hat einen geringeren Anteil an Piperin und ist daher weniger scharf als der schwarze Pfeffer, der dafür mehr Aromastoffe enthält. Schwarzer Pfeffer schmeckt kräftig würzig und beißend scharf, weißer Pfeffer hat ein eher blumiges Aroma und ist weit weniger scharf.

Schwarzer Pfeffer würzt Fleischsuppen, Eintopfgerichte, Braten und Bratensaucen, Fleisch und Geflügel, Salate, Tomaten, Hülsenfrüchte, Kohl, Pilze, gebratenen und gekochten Fisch, sauer Eingelegtes.

Weißer Pfeffer würzt helle Suppen und helle Saucen, Käse, Remouladen, feine Fisch- und Geflügelgerichte, eingemachtes Kalbfleisch, feine Gemüse, Nudel- und Kartoffelgerichte, Salzgebäck.

Grüner Pfeffer würzt Pfeffersaucen, Steaks, aber auch Früchte, z.B. Erdbeeren mit grünem Pfeffer und Pfefferminzblättern.

Pfeffer hat auch eine medizinische Wirkung: Er wirkt appetitanregend, kreislauffördernd, gegen Fieber.

Piment

Auch Gewürze haben ihre Moden. So war Piment im 18. Jahrhundert das beliebteste Gewürz Europas. Heute ist er – wenigstens bei uns – ein Gewürz unter Gewürzen. Mag sein, daß Piment in England und in Skandinavien noch eine bedeutendere Rolle spielt. Zumindest findet man dort eine Reihe wunderbarer Rezepte, zu deren Zubereitung es Piment braucht: Gewürzkuchen zum Beispiel und delikate Heringshappen.

Er gehört zu den Myrtengewächsen wie der Gewürznelkenbaum, der Pimentbaum *Pimenta doica*. Er ist klein und immergrün, er wächst auf den tropischen Inseln Mittelamerikas, also in der Karibik – vor allem auf Jamaika. Und bis heute sagt man, der auf Jamaika angebaute Piment sei der beste. Zweimal im Jahr ist der Baum über und über mit kleinen weißen Blüten bedeckt, die stark duften. Aus den Mai- und Juniblüten entwickeln sich grüne Beeren, die geerntet werden, ehe sie reif sind. Sie werden in speziellen Öfen getrocknet, dabei werden sie schrumpelig und erhalten ihre schwarzbraune Farbe. Sie sehen aus wie große schwarze Pfefferkörner und duften intensiv nach einer Mischung von Pfeffer, Zimt, Muskatnuß und Nelken. Darum heißt das Gewürz auch Nelkenpfeffer oder Jamaikapfeffer. Wegen seiner Aromakombination aus den wichtigsten Gewürzen nahm man bei seiner Einführung in Europa an, ihn anstelle all dieser anderen Gewürze benutzen zu können, sozusagen als ein Universalgewürz der sparsamen Hausfrau zum Wohle. Darum nannte und nennt man den Piment in England, wo er seinen größten Erfolg hatte, «Allspice», woraus dann in Deutschland «Allgewürz» wurde, aber auch «Englisches Gewürz». Die Azteken hatten Piment wie die Vanille als

Würze für ihr Chocolatl, ihren Schokoladetrunk benutzt. Kolumbus, der ja zeitlebens glaubte, Indien von Osten her erreicht zu haben, sah im Piment eine unbekannte Pfefferart. So kam der Piment zu seinem Namen. Pimenta heißt auf Spanisch Pfeffer. Seit 1601 wird Piment nach Europa importiert.

Ganze Pimentkörner werden zum Würzen von Marinaden, Beizen und Saucen benutzt; Pimentpulver für Suppen, speziell Fleisch- und Gemüsesuppen, für Gemüse wie Bohnen, Tomaten, Auberginen, Spinat, für Braten, Hackfleisch, Wurst, Gewürzkuchen und Weihnachtsgebäck, für eingelegte Heringe, Süßigkeiten wie Pudding, gekochte Früchte.

Sogar eine gesundheitliche Wirkung hat Piment, indem er die Verdauung fördert, Blähungen vorbeugt und Speisen generell bekömmlicher macht. Umschläge mit einer Paste aus Piment-

Piment

körnern lindern Schmerzen bei Neuralgien. Pimentöl spielt eine Rolle in der Parfümherstellung und bei Kosmetika und Seifen.

Safran

«Backe, backe Kuchen, der Bäcker hat gerufen. Wer will guten Kuchen backen, der muß haben sieben Sachen:
Eier und Schmalz,
Butter und Salz,
Milch und Mehl,
Safran macht den Kuchen gel.»

Das hat mich als Kind immer gewundert. Wer oder was ist dieser Safran, der den Kuchen «gel» macht? Für einen Alemannen stellt das Adjektiv «gel» kein Problem dar. «Gel» ist einfach gelb. Aber wieso wird der Kuchen gelb? Die Mutter konnte mir nur sagen, daß Safran eine Art Kuchenfarbe ist. Safran gab es bei uns in der Küche nicht. Mutter machte den Kuchen auch so «gel». Sie hat genügend Eier genommen. Gleichwohl blieb die Frage nach dem Safran. Irgendwann bin ich ihm dann begegnet, relativ spät. In einem Bazar in Kairo. Da hatte ein Gewürzhändler die erregenden und unbekannten gelben und roten, braunen und weißen Gewürzpulver in Säcken aufgebaut – und in einem kleinen Sack, da waren merkwürdige Fäden. «Safran», sagte meine Begleiterin. Ich habe von diesem Safran gekauft, weil er angeblich billig war. Aber meine Frau, die damit kochte, sagte er sei nicht gut. Meine ägyptische Begleiterin bestätigte es. Es war kein guter Kauf. Was blieb, war das Wunder eines Gewürzes, das offensichtlich aus den Staubfäden einer Blume bestand. Sie gehört zu den Schwertliliengewächsen, der Familie der *Iridaceae*. Sie ist ein Krokus und heißt lateinisch *crocus sativus*. Ihre Blüten sehen durchaus wie die Krokusse aus, die im Frühjahr in großer Zahl in der Lichtentaler Allee blühen. Aber der Safrankrokus geht nicht im Frühjahr auf, sondern im Herbst und die blaue Farbe seiner Blütenblätter erinnert an die giftige Herbstzeitlose.

Fragt man nach ihrer Urheimat, dann wissen die Botaniker keine Antwort. Der Safrankrokus vermehrt sich noch nicht einmal mehr, so wie das eine anständige Blume tut, durch Bestäubung und durch Samen. Zur Bestäubung hätte sie ja ohnehin keine Gelegenheit, denn wenn die Blume aufgegangen ist, dann kommen Menschen, um die drei Staubfäden der Blume zu ernten. Die Angaben sind etwas widersprüchlich, wieviele Staubfäden mit der Hand oder bestenfalls mit einer Pinzette abgezupft werden müssen, um wenigstens ein halbes Kilo des Gewürzes zu erhalten. Manche sprechen von 60 000, andere von 600 000, wieder andere von 40 000 bis 75 000 Narben.
Sei's drum, die Vorstellung der damit verbundenen Arbeit ist gigantisch. Wo finden sich Arbeiter, die bereit sind für einen bezahlbaren Lohn diese Arbeit zu tun? Und doch gibt es auch in Mitteleuropa, nämlich im Schweizer Kanton Wallis, eine Safranplantage. Nur der enorm hohe Preis des Safran macht diese Arbeit halbwegs rentabel.

Aber Safran war schon immer eines der teuersten Gewürze. Dabei spielt das Aroma, also die Gewürzfunktion des Safran, nur eine Rolle. Die andere ist die Rolle des Safran als Farbstoff. In den Staubgefäßen ist ein Stoff, namens Pikrocrocin, aus dem der Geschmackstoff Safranal entsteht und der Farbstoff Crocetin. Der

Farbstoff Crocetin ist so kräftig, daß selbst in einer Verdünnung von 1:100 000, das heißt ein Gramm Crocetin auf 100 l Wasser, dieses Wasser noch kräftig gelb gefärbt ist.

Vielleicht war die wilde Safranpflanze im vorderen Orient daheim, vielleicht in Griechenland, vielleicht an beiden Orten. Jedenfalls, schon lange vor Christi Geburt haben die Völker am östlichen Mittelmeer Kleider mit Safran gefärbt. Allerdings wissen wir nur aus der Sage von Helden und Göttern, daß sie safrangefärbte Gewänder getragen haben. Nur die allerreichsten konnten sich überhaupt den Luxus des Safrangebrauchs leisten. Ein römischer Kaiser namens Heliogabalus soll in safrangefärbtem Wasser gebadet haben, und als Nero einen seiner Triumphzüge abhielt, ließ er die Straßen Roms mit Safran bestreuen.
Im Römischen Reich wurde an verschiedenen Orten Safran angebaut. Man stritt sich darüber, von wo der beste Safran komme, aus Vorderasien, aus der Ägäis, aus Nordafrika oder Sizilien.

Die Sitte, Speisen zu färben, also den Farbstoff des Safran für Lebensmittel zu verwenden, kam von den Arabern. In El Andaluz war es üblich, gefärbte Gerichte auf den Tisch zu bringen. Von dort kam die Sitte nach Mitteleuropa und dann natürlich auch mit den heimkehrenden Kreuzfahrern, die die gefärbten Speisen in Palästina chic fanden.
Natürlich haben die Fürsten des ausgehenden Mittelalters und der beginnenden Neuzeit in ihrem Drang zur Repräsentation dieses Färben der Speisen übernommen. Jetzt wurde Safran auch in Mitteleuropa angebaut und es gab bald eine ganze Reihe von typischen Speisen, zu deren Zubereitung Safran erforderlich ist: der Risotto nach Mailänder Art mit dem unvergleichlichen oberitalienischen Reis, die Bouillabaisse, die Fischsuppe aus Marseille, die Paella, das Reisgericht aus Valencia und selbst die Schweden färben einen ganz bestimmten Weihnachtszopf mit Safran. Von den Ostfriesen heißt es, sie hätten sogar den Tee gelb gefärbt. Auch in den berühmten Kräuterlikör «Charteuse» von der großen Kartause in Frankreich gehört Safran. Gibt es einen geschmacklichen Grund oder geht es nur um die überaus appetitliche gelbe Farbe, wenn z.B. der Tessiner Panettone, der wunderbare Hefekuchen mit den vielen Zutaten, mit Safran gelb gefärbt wird?

Wie schmeckt überhaupt Safran?
Ja, wie schmeckt Safran? Diese Frage ist wahrhaft nicht unwichtig. Denn selbst in sehr guten Restaurants kann man Safranzubereitungen begegnen, die nach Desinfektionsmittel schmecken. Schmeckt Safran so? Oder hat ein geiziger Koch nur einfach alten Safran verwendet? Safran darf nämlich nicht länger als ein Jahr aufbewahrt werden, will man wirklich mit ihm würzen. Sonst weg mit ihm, trotz hohem Preis! Sparsamkeit lohnt sich da nicht. Frischer Safran sollte leicht honigartig schmecken, ein wenig süß und zart bitter.

Leider muß man bei einem Gewürz, das so teuer ist wie Safran, auch mit Verfälschungen rechnen. Natürlich läßt sich der gelbe Safran mit dem gelbem Kurkuma durchaus strecken. Von anderen Stoffen ganz zu schweigen. Aus diesem Grund ist es empfehlenswert grundsätzlich nur Fäden zu kaufen und sich keinesfalls auf pulverförmigen Safran einzulassen. Der beste kommt übrigens aus dem Iran, gefolgt vom spanischen Safran.

Seine medizinische Wirkung beruht auf der Appetitanregung. Er wirkt beruhigend und er reguliert die Monatsblutung.

Safran

Safran ist in großen Mengen giftig. Die tödliche Dosis liegt allerdings bei so vielen Gramm, daß ein Selbstmord mit Safran einfach zu teuer wäre.

Ingeborg Münzing-Ruef gibt einen Geheimtip, den sie von Dr. Walter Zimmermann hat: «Jeder orientalische Mann, der gern im fortgeschrittenem Alter noch einmal Vater werden möchte, weiß, daß er öfters Safran essen muß. Safran enthält den Wirkstoff Crocetin-Ester, der die Qualität der Spermien verbessert. Aber: nur jeweils als Prise, ein paar Fädchen Safran, denn in Überdosen ist er giftig. Und vor dem Vaterwunsch steht, so Dr. Zimmermann, bei älteren Männern der totale Verzicht aufs Rauchen und den Alkohol.»

Senf

Senf. Ein scheinbar einfaches Kapitel, aber nur scheinbar. Es beginnt damit, daß es botanisch gesehen drei Arten von Senf gibt, die allerdings alle zur Familie der Kreuzblütler *Brassicaceae* oder *Cruciferae* gehören. Da gibt es den schwarzen Senf *(Brassica nigra)*, den braunen oder Sareptasenf *(Brassica juncea)* und den weißen Senf *(Sinapis alba)*. Die Familie der Brassicaceae ist übrigens auch jene Familie, der die ganzen Kohlpflanzen angehören, was man sehr schön in unserem Gemüsebuch feststellen kann.

Der weiße Senf ist in ganz Europa verbreitet und heimisch. Er wächst gern auf kalkhaltigem Boden und als Unkraut drängt er sich in die verschiedensten Pflanzenkulturen hinein. Er ist eine einjährige bis fünfzig Zentimeter hohe Pflanze. Er hat gefiederte und gelappte hellgrüne Blätter. Von Mai bis August blüht er gelb. Seine Samen enthalten Sinalbin, aus dem sich unter bestimmten Umständen ein ätherisches Öl bildet, ferner ein fettes Öl und Pflanzenschleime. Wegen dieser Pflanzenschleime wirkt der Senfsamen abführend, wegen des Öles hautreizend.

Der schwarze Senf ist ebenfalls in Europa und auch in Asien daheim. Er wächst auf Brachland, Aufschüttungen, kurz: er ist eigentlich ein Unkraut wie sein weißer Bruder. Auch er ist eine einjährige Pflanze, kann aber über einen Meter groß werden. Seine Blätter haben Stiele, sind in der Form allerdings verschieden. Die unteren sind grob gefiedert und haben Haare, die oberen sind lanzettförmig und kahl. Von Mai bis September blüht der schwarze Senf wie der weiße gelb.

Der weiße und der schwarze Senf unterscheiden sich im wesentlichen nur in der Größe der Pflanze und durch die Blüten, die beim schwarzen Senf etwas dunkler sind.

Der Senf aktiviert sehr stark die Magensäfte. Äußerlich angewendet ist er ein starkes ableitendes Mittel. Das Senföl durchdringt schnell die Haut. So wird der Senf in Form von warmen Breiumschlägen und Senfplastern äußerlich verwendet und wirkt gegen Rheumatismus, Ischias, Muskelschmerzen, Blutstauungen, Erkrankungen der Atemwege, Gelenkentzündungen und gewisse Hauterkrankungen. Es wird allerdings davor gewarnt, Breiumschläge zu lange auf der Haut liegen zu lassen.
Schwarzer und weißer Senf werden seit dem Altertum als Heilmittel, aber auch als Gewürz verwendet. Doch darauf kommen wir gleich zurück.

Der braune Senf, der wahrscheinlich in Indien zu Hause ist – man hat immerhin dreitausend Jahre alte Reste des braunen Senfs gefunden –, steht zwischen dem weißen und dem schwarzen Senf. Zu Beginn unseres Jahrhunderts war er in Mitteleuropa noch fast unbekannt. Heute wächst er überall dort, wo Senf industriell angebaut wird. Da er in seiner Größe zwischen dem weißen kleinen und dem schwarzen großen steht, ist er genau richtig für eine maschinelle Ernte. Schwarzer Senf wird nur noch dort angebaut, wo man es sich leisten kann, die Ernte mit Menschenhand einzubringen.

Das Samenkorn des Senfs ist einer der kleinsten Samen, die es überhaupt gibt und wegen seiner Kleinheit und der darin schlummernden Wachstumskraft wird es im Neuen Testament als Symbol in einem Gleichnis verwendet: «Das Himmelreich ist wie ein Senfkorn: wenn es ge-

säet wird aufs Land, so ist es das kleinste unter allen Samen auf Erden. Wenn es aber gesäet ist, so geht es auf und wird größer als alle Sträucher und treibt große Zweige, so daß die Vögel des Himmels in seinem Schatten wohnen können» (Markus 4,31).
Es muß sich übrigens um einen Samen des schwarzen Senfs gehandelt haben von dem Jesus spricht. Denn nur *Brassica nigra* wächst so hoch, daß die Vögel darunter Schatten finden. Man darf daraus entnehmen, daß in Israel des Neuen Testamentes diese Pflanze angebaut worden ist.

Neugierig nehmen wir eine Prise dieser winzigen Körnlein in den Mund. Beim Zerbeißen stellt sich heraus, daß das keinesfalls nach Senf schmeckt, noch nicht einmal scharf.

Senfkörner

Eigenartiges Phänomen: Um den Geschmack von Senf zu erhalten, muß man die Senfkörner zerreiben und mit Wasser befeuchten. Durch diesen Vorgang, Myrosinasehythrolyse genannt, entsteht erst das ätherische Öl, das für den Senfgeschmack und die medizinische Wirkung verantwortlich ist.

Der Senf braucht sogar eine gewisse Zeit bis sich die Schärfe entwickelt. Man kann sich vorstellen, daß Hausfrauen sehr früh entdeckt haben, daß der zerstoßene und eingeweichte Senf anders schmeckt als das Pulver. Andererseits aber ist die Würzkraft des Senfs nicht stark genug, um länger andauernde Hitze beim Kochen auszuhalten.

Im alten Orient, bei den Völkern des fruchtbaren Halbmondes, also in jenem Länderstreifen, der sich vom Zweistromland am Mittelmeer entlang nach Ägypten hinzieht, hat sich wahrscheinlich die erste Verwendung des Senfs bzw. die Anwendung der etwas komplizierten Erschließung der Senfschärfe abgespielt. Die Römer wußten schon ganz genau wie man Senf als Würze herstellt, wie man mit Senfpulver unter Zugabe unterschiedlicher anderer Ingredienzen eine würzende Paste herstellt.
Die Römer der klassischen Zeit haben auch die Blätter der Senfpflanze als Gemüse gegessen, bei der nahen Verwandtschaft zum Kohl war dieses Gemüse sicher recht schmackhaft.
Römische Soldaten bereiteten in ihren Garnisonen in Mitteleuropa natürlich Senf, um ihre Fleischrationen zu würzen, aber die römische Besatzung hinterließ, was den Senf betrifft, keine Spur. Mich wundert immer wieder, daß germanische Krieger, die doch sicher auch gerne aßen, so gar nicht die römische Eßkultur übernahmen. Wahrscheinlich waren die beiden Kulturen doch zu unterschiedlich.

Der italienische Kulturhistoriker Massimo Montanari (Der Hunger und der Überfluß. Kulturgeschichte der Ernährung in Europa, Ch. Beck Verlag) hat diesen Unterschied untersucht und herausgefunden, daß die griechisch-römische Hochkultur, die das römische Imperium rund um das Mittelmeer und weit nach Germanien und Britannien hinein beherrschte, sich durch eine verhältnismäßig fleischarme Küche auszeichnete. Im Gegensatz zur Küche der Barbaren, also eben der Germanen und anderer Völker, die außerhalb der römischen Grenzen lebten. Die hatten weder eine ausgeprägte Gartenkultur noch eine Küche, in der die Vielfalt der Gemüse zubereitet wurden. Ihre Nahrung bestand im wesentlichen aus Fleisch.

Senf hatte im Mittelalter und der beginnenden Neuzeit seine eigentliche Hochblüte. Da wurden in den Küchen die unterschiedlichsten Senfmischungen zusammengerührt. Senfpulver wurde meistens mit Essig oder Most vermischt. Darum unsere deutsche Bezeichnung «Mostrich», «Mustard» in England, «Moutarde» in Frankreich, zum Teil ohne daß überhaupt Most drin ist.
Da können die unterschiedlichsten Gewürze beigemischt werden: Kräuter, Meerrettich, Früchte Zucker, Essig, Wein...
Papst Johannes XXII., der im 14. Jahrhundert im sogenannten Babylonischen Exil der Päpste – in Avignon – residierte, dort im hohen Schloß über der Rhone, hatte eine solche Vorliebe für Senf, daß er das Amt eines Päpstlichen Senfmeisters schuf.

Dijon wurde später das Zentrum des französischen Senfs. Das kam nicht von ungefähr. Dijon war ja bis 1477 die Hauptstadt von Burgund und hier im von Karl dem Großen geschaffenen Zwischenreich, zwischen Frankreich und

Deutschland, entwickelte sich im Hochmittelalter ein Zentrum abendländischer Kultur und Lebensart. Und natürlich war davon auch die Küche betroffen zu einem Zeitpunkt, zu dem sowohl in Deutschland wie in Frankreich noch recht bescheiden gekocht und gegessen wurde.

Der Senf aus Dijon wird ebenso wie der Senf aus Bordeaux vorwiegend aus schwarzem Senf hergestellt. Der Farbunterschied beruht allein darauf, daß der dunkle Senf aus Bordeaux noch die Samenschalen enthält, der helle aus Dijon nicht.

Bei einem Autor habe ich den Hinweis gefunden, es gäbe bei uns in Deutschland ebenso viele Senfsorten wie Wurstsorten. Da es einer inoffiziellen Zählung nach mehr als 1500 Wurstsorten gibt, vermag ich den Hinweis auf die Senfsorten nicht nachzuvollziehen. Zwischen dem scharfen Senf aus Düsseldorf und dem süßen, bayerischen Weißwurstsenf, kann ich so viele Senfsorten nicht finden, zumal Senf sich in den Händen der Lebensmittelindustrie befindet, deren Tuben und Gläser mit einigen Einheitssenfen den Markt bestimmen.

In England wie in Nordamerika bevorzugt man gemahlenes trockenes Senfpulver, das vor seiner Verwendung mit Wasser angerührt werden muß. Natürlich beflügelt solcherlei Grundstoff die Phantasie des Koches, seinen eigenen Senf selbst zu kreieren.

Wozu verwendet man Senfpaste? Als Würze zur Wurst, zu Würstchen, zu Fleisch, zu Fisch, zu Eiern. Vor allem sind es die fetten Würste, Speck und Schinken, die sozusagen nach Senf schreien und damit sind wir auch wieder bei der magenanregenden, verdauungsfördernden Wirkung des Senfs angekommen.

Durch Senf werden im Körper Enzyme aktiviert. Er hat antibakterielle Eigenschaften, er regt die Speichel- und die Magensaftbildung an und fördert dadurch die Verdauung. Auch die Gallenblase wird zur Tätigkeit angeregt. Er verbessert darüber hinaus die Durchblutung von Darm und Leber und verhindert, daß es zu Stauungen kommt, sowohl was Gallenkoliken betrifft als auch Blähungen und Verstopfungen. Senf ist eigenartigerweise auch hilfreich bei Schnupfen, Kreislaufschwäche und Bronchitis. Sein Einfluß erstreckt sich auch auf die feinen Kapillargefäße und damit die Blut- und Sauerstoffversorgung des gesamten Körpers.

Man kann Senf außer der üblichen Senfzubereitung auch als ganze Körner verwenden, zum Beispiel zum Einlegen von Gurken und Gemüsen, in Currys und Chutneys, im Kochsud für Schinken und in Sauerkraut zusammen mit Wacholder. Ganze Senfkörner können auch als Gewürz zu Braten, gegrilltem Geflügel, Eintöpfen, Bohnen, Linsen, Sauerkraut, Fisch und Krustentieren gegeben werden.
Schließlich bleibt noch die Möglichkeit, Senfsamen in der Keimschale sprossen zu lassen und als scharfe Zutat zu Salat zu verwenden.

Sternanis

Manchmal habe ich schon den Verdacht gehabt, der Sternanis würde überhaupt nur an Weihnachten verkauft und zwar wegen seinen wunderschönen und duftenden Sternen. Die hängen dann als Schmuck an Geschenkpäckchen und wohl auch gelegentlich an einem Adventskranz. Vielleicht kommt es daher, daß meine Mutter keinen Sternanis verwendet hat und auch bei keiner ihrer backenden Schwestern und Freundinnen habe ich je Sternanis gesehen. Daß man mit Sternanis wirklich etwas anderes machen kann als weihnachtlichen Schmuck, das habe ich relativ spät gelernt. Er heißt auch Badian und das soll ein arabisches Wort sein, woraus man leicht schließen könnte, daß der Sternanis relativ früh übers

Sternanis

arabische Meer gebracht worden ist. Dabei blieb es dann auch, denn weder von Griechen und Römern noch aus dem Mittelalter gibt es irgendeine Kunde vom Sternanis. Sieht man von Marco Polo ab, der in seinem Reisebericht sich aber hütet, zu sagen, wo das kostbare Gewürz wächst. Denn ein kostbares Gewürz war es in China immer, ja es galt dort sogar als Symbol des Wohlstandes. Seit viertausend Jahren jedenfalls wird es von den chinesischen Köchen benutzt, vor allem um Schweine- und Geflügelfleisch jenen besonderen Geschmack zu verleihen, den es nur in der so nuancenreichen chinesischen Küche hat.
Er wächst in Südchina und in Vietnam, der immergrüne kleine Baum aus der Familie der *Illiciaceae,* ein Verwandter unserer Magnolie. Zwölf Meter kann der Baum groß werden. Er hat graue Äste, ledrige Blätter und weiße Blüten mit sehr vielen Blütenblättern, aus denen dann die sternförmigen Früchte mit den acht Strahlen entstehen. Verwendet wird sowohl die harte Schale der Sterne, wie der in jedem einzelnen Strahl vorhandene Kern. Selbst ein kleines Stücklein Fruchtschale genügt, um einen Braten entsprechend zu würzen. Der Geruch des Sternanis ist, wie sein Name sagt, dem des echten Anis ähnlich, was von dem Gehalt an Anisöl herrührt, das in beiden Gewürzen, die botanisch nichts miteinander zu tun haben, enthalten ist.

In der Nähe buddhistischer Tempel wächst merkwürdigerweise ein Baum, dessen Früchte denen des Sternanis ähnelt: der Heilige Sternanis. Seine Früchte sehen ebenfalls wie Sterne aus, sind aber giftig. Durch ihren kampferartigen Geruch sind sie vom echten Sternanis gut zu unterscheiden.
Sternanis wurde im Jahr 1588 durch den englischen Seefahrer Cavendish nach London gebracht. Sternanis spielte lange Zeit nur eine Rolle als Lieferant von Anisöl, das man zur Herstellung von Likör benötigt. Inzwischen hat auch die europäische Küche den Sternanis entdeckt und verwendet ihn als Gewürz für Weihnachtsgebäck, aber auch für Saucen zu Meeresfrüchten, für Fischsud, Geflügel und rotes Fleisch, auch für Desserts der unterschiedlichsten Art wie zum Beispiel Pflaumenmus, gedünstete Äpfel und Birnen, Pfirsich- und Melonenkompott, Puddings und nicht zu vergessen: Mousse au chocolat.

Das intensiv süß und anisartig schmeckende Sternanisöl wird in Zuckerwaren verarbeitet.
Der Sternanis gehört zu den sogenannten «Fünfgewürzen» (Sichuanpfeffer, Fenchel, Gewürznelken und Zimt), eine Gewürzmischung, die in China eine große Rolle spielt.

Sumach

Wenn der Herbst kommt, dann fallen sie auf durch ihr feurig rot gefärbtes Laub, in Parks und in Gärten: Sumachgewächse *(Anacardiaceae).* Sie sind in Amerika daheim, in Asien und Afrika und sie fühlen sich in unseren Parks und Gärten ganz wohl. Eine Reihe von ihnen liefert technische Rohstoffe: Wachs, Lack, Gerbstoff. Einige Sumacharten sind giftig, wenn auch nicht für jeden Menschen, die Giftwirkung ist individuell (wie praktisch, wenn man's wüßte). Ein Sumachstrauch mit behaarten Ästen und gefiederten Blättern, der im Herbst grünliche Blüten trägt, aus denen dann leuchtend rote Früchte entstehen, liefert ein Gewürz: der Gerbersumach *(Rhus coriaria).* Er ist im Mittelmeergebiet, wo er in der Macchia wächst, und in Vorderasien daheim. Die Griechen haben ihn zum Gerben verwendet, daher sein Name. Aber schon damals lieferte er auch gelbe Farbe zum Wollfärben und säuerliche Beeren für Fleischgerichte.

Im Apicius-Kochbuch der Römer habe ich zwei Fischsaucen gefunden, die unter anderem mit Sumach gewürzt sind. Hier eine Sauce für Aal: «Nimm Pfeffer, Liebstöckel, Selleriesamen, Dill, syrischen Sumach, Jerichodattel, Honig, Essig, Liquamen, Senft und defrutum.» Liquamen ist eine in der römischen Küche sehr beliebte salzige Gewürzsauce, die man einfach durch Salz ersetzen kann. Defrutum ist um ein Drittel eingedeckter Most.
Manche Autoren nehmen an, daß der Sumach in der römischen Küche als ein Säuerungsmittel verwendet wurde, da die Zitrone noch nicht bekannt war.
Die Araber des El Andaluz, des arabischen Reiches auf der Pyrenäenhalbinsel, haben den Anbau des Gerbersumach sehr gepflegt und zwar als Gerbermittel für die feinen Saffianleder, die eine Spezialität des damaligen arabischen Spaniens waren.

Heutzutage spielt das Sumachgewürz vor allem in der türkischen Küche eine Rolle. Es wird berichtet, daß anfangs Herbst in den Dörfern Anatoliens Kränze von roten Sumachbeeren zum Trocknen an den Häusern hängen. Im Libanon wird eine Gewürzmischung namens «Zahtar» aus Sumach und getrocknetem Thymian gern verwendet und zwar für Brot, Fleischbällchen und Gegrilltes.
In unserer heimischen Küche kann man Sumach zum sanften Säuern von Salaten, Marinaden und kalten Speisen verwenden.

Vanille

Die echte Vanille stammt aus den schmalen, geraden, fünfzehn bis dreißig Zentimeter langen «Schoten» genannten Kapselfrüchten der «Vanilla planifolia». *Vanilla planifolia* gehört zur Familie der Orchideen, der *Orchidaceae*. Wenn ich Orchideen denke, fällt mir ganz zuletzt Gewürz ein. Bei Orchideen denke ich an schöne Frauen. Schöne Frauen, denen man Orchideen verehrt und schöne Frauen, deren Formen Orchideen sozusagen in einer fast stilisierten Weise sich zu eigen gemacht haben. Traumhaft schöne Blumen sind die Orchideen. Das gilt schon für die Orchideen unserer Wiesen und Wälder. Im Voralpenland, in Appenzell, habe ich in einem kleinen verwunschenen Tal ein Feld von Frauenschuh gesehen, Hunderte. Sie waren voll aufgeblüht. Sie waren gelb, von roten Deckblättern beschützt. Ein unwirklicher Traum! Die Bienenorchis. Die Brandorchies. Das Waldvöglein. Und dann die Fülle der Orchideen aus den Tropen, vom Amazonas zum Beispiel, wo bis heute immer noch neue Arten entdeckt werden. Immer wieder, wenn ich Orchideen begegne, rieche ich an ihnen: So schöne Blumen müssen einen entsprechenden Duft haben. In der Tat, auf den Bergen des Kaiserstuhls ist mir eine Orchidee begegnet, mit dunkelblauen Blüten, die einen leisen Duft nach Vanille ausströmte.

Vanille ist der Duft der Orchideen. Aber nur eine einzige besitzt den Duftstoff in solcher Menge, daß es sich lohnt, ihn als Gewürz in die Küche zu bringen: *Vanilla planifolia*.
Sie stammt aus Mittelamerika, genauer gesagt aus Mexiko. Käme sie aus dem Kulturkreis der Alten Welt, dann bin ich sicher, die Griechen hätten eine Göttergeschichte für sie erdacht. Etwa von einer unvergleichlich schönen Nymphe, die einen Sterblichen liebte, andererseits

aber die Liebe eines Gottes war, der in seiner Eifersucht die Nymphe in eine Orchidee verwandelte, die seitdem mit ihren bis zu fünfzehn Meter langen Lianen ganz gewöhnliche Bäume umschlingen muß.

Ob die Maya, jenes Volk, das vor den Azteken Mexiko bewohnte, sich eine entsprechende Sage erzählten, weiß ich nicht. Jedenfalls aber waren sie die ersten, die in den Urwäldern Mittelamerikas die in dichten Trauben hängenden Vanilleschoten ernteten. Sie brauchten die Vanille für einen ganz bestimmten Zweck, der die spanischen Eroberer aufs äußerste verwunderte. Da gab es ein Getränk, namens Chocolatl, hergestellt aus Kakao, dem wurde als wesentliche Beigabe Vanille zugefügt. Natürlich lernten die spanischen Eroberer nicht nur das wohlschmeckende Chocolatl trinken, sondern auch zubereiten. Die duftende Zutat, die Vaynilla in der Aztekensprache, wurde mitsamt den Kakaobohnen und der neuen Sitte Chocolatl zu trinken nach Spanien gebracht, wo es zunächst merkwürdigerweise die Klöster und vor allem

Vanille

die Frauenklöster waren, wo Chocolatl getrunken wurde. Etwas anderes konnte man aus dem fetten Kakaopulver, noch sind es ja fast dreihundert Jahre bis der Holländer Van Houten die Kakaoentfettung erfindet, nicht zubereiten. Das Getränk Chocolatl war schon schwierig genug. Man trank es aus ganz speziellen Gefäßen, in denen man mit einem speziellen Stößel immer wieder dafür sorgte, daß sich Kakaopulver und Flüssigkeit miteinander vermischten.

Aber zurück zur Vanille. Mit der sich ausbreitenden Mode des Kakaotrinkens, bald heiratete eine spanische Prinzessin nach Frankreich und nahm die Mode dorthin mit, stieg der Bedarf an Vanille und der Handel mit der Schote wurde zum Geschäft. Natürlich gab es Leute, die nicht einsehen konnten, warum die Spanier allein mit ihrer mexikanischen Vanille das Geschäft machen sollten. Also besorgten sie sich Samen, was nicht schwierig ist, denn in jeder Vanilleschote sind die Samen ja zu Tausenden als winzige schwarze Körnlein enthalten, pflanzten die Vanillegewächse, ließen sie an Bäumen oder Stangen emporranken und die Orchidee blühte im dritten Jahr wie es sich gehört mit wunderschönen gelben bis weißen Blüten. So weit so gut. Aber damit endete auch zugleich der Versuch, Vanille außerhalb Mexikos anzupflanzen. Es kamen einfach keine Früchte. Was immer man versuchte, *Vanilla planifolia* war scheinbar außerhalb Mexikos unfruchtbar. Das nahm man dreihundert Jahre lang als gottgegeben hin.
Erst zu Beginn des 19. Jahrhunderts machte sich ein Botaniker Gedanken über das Wunder und er kam auf die Lösung: Die Vanilleblüten wurden nicht bestäubt. Nur in Mexiko gab es die besonders kleine Bienensorte, die in der Lage war, in die Vanilleblüten einzudringen und das Bestäubungsgeschäft zu vollziehen. Jetzt wurde die Sache künstlich angegangen. Arbeiter wurden mit einem speziellen Dorn vom Zitronenbaum oder mit einem Bambussplitter ausgestattet und mußten von Vanilleblüte zu Vanilleblüte eilen, um dieselben zu bestäuben. Und siehe da, auf der Insel Mauritius gediehen die Vanilleschoten ebenso gut wie in Mexiko. Es war das Jahr 1827. Seit 1870 wird Vanille auf Madagaskar angebaut, dann auch auf den Komoren, auf den Seychellen, auf der Insel Réunion, allesamt im Indischen Ozean gelegen. Das spanische Monopol war durchbrochen und inzwischen produziert allein Madagaskar 85% der Welternte.

Längst gibt es auch keine künstlichen Befruchter mehr. Irgendwer kam auf den naheliegenden Gedanken, die mexikanischen Spezialbienen in die neuen Anbaugebiete zu verbringen. Den Bienen war es recht.

Aber mit dem Ernten der grünen Vanilleschoten ist die Produktion von Vanille nicht beendet. Da die reifen «Schoten» aufplatzen, werden sie geerntet, sobald ihr Grün in ein leichtes Gelb übergeht. Nun werden die grünen «Schoten» einer Heißluft- oder Heißwasserbehandlung unterzogen, bei der sie bei etwa 70 Grad abgetötet werden. Dann beginnt ein wochenlanger Prozeß, bei dem sich Trocknen in der Sonne und Gären in engen Behältern abwechseln. Dabei entsteht das wohlschmeckende und -riechende Vanillin. Gleichzeitig entwickeln die fermentierten Schoten ihre braunschwarze Farbe. Sie enthalten 1,5 bis 3% Vanillin. Das Vanillin kann die Schoten in kristallisierter Form wie ein weißer Reif umgeben (solche weißbereiften Vanilleschoten beim Kauf nicht zurückweisen! Sie sind nicht verdorben!).

Die Vanilleschoten sind hoch empfindlich gegen Fremdgerüche. Darum werden sie in Glasröhrchen verpackt und in zugelöteten Zinnbehältern verschickt. Die Vanilleschoten brauchen auch im Haushalt diese Sorgfalt der Aufbewahrung, damit sie nicht nach irgend etwas anderem als nach Vanille schmecken. Am besten beläßt man sie bis zum Gebrauch in ihrem fest verschlossenen Glasröhrchen. Beim Gebrauch benutzt man beides, sowohl die Schote, die Vanillin enthält, als auch das Mark mit den Samenkörnchen. Dazu schlitzt man die Schote auf und kratzt das Mark mit einem spitzen Messer heraus. Wird die Schote mitgekocht, zum Beispiel um Milch mit Vanillin zu aromatisieren, dann ist die Schote noch nicht gänzlich verbraucht. Man kann sie abwaschen und abtrocknen und in Kristallzucker aufbewahren, dem sie ihren Vanilleduft mitteilt. Das, was auf diese Weise entsteht, ist übrigens Vanillezucker, im Unterschied zum Vanillinzucker. Dieser Unterschied ist beim Einkauf im Lebensmittelgeschäft augenscheinlich, denn Vanillezucker kostet viel mehr als Vanillinzucker.

Aber was ist Vanillin? Vanillin ist in der Tat ein nach Vanille riechender Stoff. Er entsteht, wenn man Holz erhitzt, aus dem Hauptbestandteil des Holzes, dem Lignin. Mit einem einfachen Experiment kann man die Entstehung von künstlichem Vanillin in der Küche nachvollziehen. Man braucht nur ein Stücklein Zeitungspapier auf eine noch heiße Herdplatte zu legen. Während sich das Papier gelb und braun verfärbt, steigt der Duft von Vanille auf. Vanillin war übrigens der allererste Duft- bzw. Aromastoff, dessen künstliche Herstellung der chemischen Industrie gelang. Dieses künstliche Vanillin kam übrigens im vergangenen Jahrhundert just in dem Augenblick auf den Markt, als auf dem Weltmarkt die echte Vanille ihren Höhepunkt erreicht hatte. Man kann sich den Rückschlag für den Handel leicht vorstellen. Aber es gab immer traditions- und qualitätsbewußte Hausfrauen, die um den Geschmack und Duft der echten Vanille wußten und die beim Kaufmann immer wieder echten Vanillezucker oder Vanilleschoten verlangten. So ist nach der Zeit der Weltkriege, wo ohnehin nur die Versorgung mit künstlichem Vanillin möglich war, die echte Vanille weitgehend wieder an ihren angestammten Platz zurückgekehrt. Man weiß einen Vanillepudding, eine Vanillecreme, ein Vanilleeis zu schätzen, in dem die winzigen kleinen schwarzen Punkte auch optisch dokumentieren, daß echte Vanille verwendet wurde.

1964 haben sich die Hauptproduzenten Madagaskar, Komoren und Réunion zur «Alliance de la Vanille» zusammengeschlossen. Ihr Handelsprodukt kommt als «Bourbon-Vanille» auf den Markt und garantiert höchste Qualität.

Neben der echten Vanille, *Vanilla planifolia*, gibt es noch die *Vanilla pompong,* die westindische Vanille, deren Früchte als «Vanillons» im Handel sind und die als geringwertiger gelten.
Im Gegensatz dazu wird vor allem in den USA die *Vanilla tahitiensis* als noch besser angesehen als die echte Vanille und entsprechend teurer verkauft. Das hängt damit zusammen, daß die Tahiti-Vanille außer dem Duftstoff Vanillin (nicht zu verwechseln mit dem künstlichen Vanillin) einen weiteren Geschmack- und Duftstoff enthält, nämlich Heliotropin oder Piperonal, von dem in der Literatur behauptet wird, er sei unwiderstehlich und einmalig. Auch in Deutschland wird die Tahiti-Vanille gehandelt. Hauptbezieher sind die Speiseeiserzeuger, die das intensive Aroma dieser Vanille zu schätzen wissen, obwohl auch hierzulande der Preis erheblich höher ist als der Bourbon-Vanille. Ich

habe mir eine Schote besorgt; sie duftet wunderbar.
Die besten Vanilleschoten sind lang, dunkelbraun, zäh, biegsam, riechen hocharomatisch und schmecken süßlich. Sollte eine Schote durch zu langes Lagern hart geworden sein, so kann man sie für kurze Zeit in lauwarmes Wasser legen und damit die optimale weiche Konsistenz wieder herstellen.

Neben der Verwendung in der Küche, wird ein Großteil der Vanille bei der Schokoladeherstellung benutzt, dann für das Fermentieren von Tabak, in der Likörindustrie und in der Parfümerie.
Vanille wird vor allem zum Aromatisieren von Süßspeisen, Kuchen, Gebäck, Kompotten, Eis, Pudding und süßen und herzhaften Saucen (zum Beispiel Kalbsragout mit Vanille) verwendet. Eines der besten Weihnachtsplätzchen sind die Vanillegipfel, die einen österreichischen Ursprung haben.

Man sagt der Vanille nach, daß sie die Nierenfunktion anregt, die Magennerven stärkt und die Verdauung fördert. Außerdem soll sie eine erotisierende Wirkung haben.

Zimt

Das älteste schriftliche Zeugnis über Zimt stammt aus dem Jahr 2800 v. Chr. und zwar aus einem Kräuterbuch des chinesischen Königs Shen-Nung-Kwai. Vielleicht ist es die älteste Kunde von einem Gewürz überhaupt. Die schöne Hatschepsut, Witwe des Pharao Tuthmosis II., schickte in ihrer Regierungszeit, um das Jahr 1480 v. Chr., eine Handelsexpedition ins sagenhafte Land Punt, die von dort Zimt mitbrachte. So ist es kein Wunder, daß auch in der Bibel viele Hinweise auf Zimt enthalten sind.
Im zweiten Buch Moses wird das Rezept für ein heiliges Salböl gegeben: «Er redete zu Mosche, sprechend: Nimm du dir Balsame, Auszug, freientströmter Myrrhe fünfhundert, balsamischen Zimts die Hälfte, zweihundertundfünfzig, Balsamrohrs (Kalmus) zweihundertundfünfzig, Kassia fünfhundert: ein Vollgewicht des Heiligtums, dazu Olivenöl ein Krug voll. Mache es als ein Salböl der Heiligung». Und Gott gibt Moses die Weisung, mit diesem Salböl das heilige Zelt, den heiligen Schrein, den heiligen Tisch und alle heiligen Geräte zu salben; auch Aaron und seine Söhne soll er damit salben als Priester des Herrn. Ein befreundeter Parfümeur hat mir die Mischung des Salböls hergestellt. Zimt war auch Bestandteil des Weihrauches, der im Tempel vor der Bundeslade, dem Sitz Gottes, brannte.
Zwei Wege gab es für den Zimt, in den Westen zu kommen: Die eine Sorte *Cassia,* chinesischer Zimt, kam über die jahrtausendealte Seidenstraße in den Nahen Osten und vielleicht war der Cassia schon in der Mitte des dritten Jahrtausend v. Chr. in den Städten am Euphrat und Tigris bekannt und kam von dort nach Ägypten. Babylon jedenfalls war ein wichtiger Fernhandelsplatz für den Zimt.

Der Zimt von der Insel Ceylon aber kam, so berichtet bereits Plinius, jedes Jahr durch mutige indische Kaufleute über das Arabische Meer. Sie bauten Flöße, beluden sie mit Zimt und ließen sich vom Wind und von den Meeresströmungen treiben, um in den Handelsstädten am Persischen Golf und an der Südküste Arabiens viel Geld zu erlösen für ihre Fracht – vorausgesetzt sie hatten Glück und wurden nicht abgetrieben in die Weite des Indischen Ozeans, gingen nicht unter in Stürmen und Orkanen. Der feine Zimt aus Ceylon war wohl der Zimt der Königin Hatschepsut. Wieder eine Zeit später, im ersten Jahrtausend v. Chr. hatten die überaus tüchtigen Phönizier den Handel mit dem Zimt übernommen, brachten ihn in die Städte am Mittelmeer, von Zypern bis zu den Säulen des Herakles, Gibraltar und Cadiz, ihre fernen westlichen Niederlassungen.

Zimt

Griechen und Römer jedenfalls kannten beide Sorten von Zimt, den Cassia-Zimt aus China und den feinen Zimt aus Ceylon. Aber sie verwendeten Zimt nur als Räucherwerk, als Parfüm und Salbenzusatz, besonders aber als Arzneimittel mit adstringierender (zusammenziehender) und Ausscheidungen fördernder Wirkung. Einzig und allein als aromatischer Zusatz zu bestimmten Weinen wurde Zimt gewürzmäßig benutzt. Und weder Römer noch Griechen wußten, woher der edle Stoff kam. Die arabischen Händler taten nichts, um von den Herkunftsländern zu sprechen. Und so glaubte man lange merkwürdige Geschichten, die selbst so kritische Autoren wie Aristoteles und Herodot noch aufschrieben. Herodot schreibt im 3. Buch seiner Historien: «...den Kassia gewinnen die Araber auf diese Weise: Erst binden sie den ganzen Leib in Rinderfelle und andere Häute ein und auch das Gesicht, bis auf die Augen und dann ziehen sie los nach der Kassia. Die wächst in einem See, der ist nicht sehr tief, aber in ihm und um ihn leben geflügelte Tiere, am ehesten mit Fledermäusen vergleichbar und die schwirren entsetzlich und sind äußerst angriffslustig. Die müssen sie abwehren von ihren Augen und die Kassia pflücken.» Woher aber der Ceylonzimt kommt, das, so sagt Herodot weiter, könne niemand sagen, wahrscheinlich wachse er in dem Land, in dem der Weingott Dionysos aufgewachsen sei. Aber große Vögel brächten die dürren Stengel «die wir Kinamomon nennen», um ihre Nester zu bauen. Diese Nester aber kleben sie mit Lehm an unzugängliche Felsen. Nun nehmen die Araber verendete Esel und Rinder, zerlegen diese und bieten die Stücke den Vögeln zum Fraß. In ihrer Gier holen die Vögel soviel Fleisch in ihre Nester, daß diese durch die Last herunterbrechen. Und die Araber sammeln die Zimtstengel auf und bringen sie in andere Länder. Lange wurden diese Geschichten geglaubt und immer wieder weitergegeben, zuletzt noch in der «Weltgeschichte für Kinder und Kinderlehrer», erschienen 1801, geschrieben von einem Karl Friedrich Becker.

Aber wo kommt der Zimt wirklich her? Es sind zwei Bäume aus der Familie der Lorbeergewächse, *Lauraceae*, nämlich der chinesische Zimt, *Cinnamomum aromaticum,* auch Cassia genannt, und der Ceylonzimt, der wegen seines feineren Aromas beliebter ist, *Cinnamomum verum*, der vor allem auf Sri Lanka, dem früheren Ceylon wächst. Der Ceylonzimt ist ein immergrüner, zehn bis zwölf Meter hoher Baum mit rötlicher Rinde. Seine Blätter sind ledrig, glatt und glänzend, sind oval bis lanzettförmig. Die Blüten sind unscheinbar, blühen in Rispen, blaßgelb. Manche rühmen den Duft der Blüten, andere sagen, sie verströmen einen unangenehmen Geruch. Vielleicht eine Geschmacksfrage. Aus den Früchten entstehen große, etwa birnenförmige Früchte, die dunkelgrün bis braunrot sind.

Die entsprechenden Früchte des Cassia werden unreif geerntet und getrocknet und werden unter der Bezeichnung *Flores cassiae* (Blumen des Cassia), englisch: *cassia buds*, ebenfalls als Gewürz verwendet.

Das eigentliche Zimtgewürz wird aus der Rinde gewonnen und zwar von ein- bis zweijährigen Stockausschlägen beim Ceylonzimt oder von sechs- bis zehnjährigen Bäumen bzw. von ebenfalls sechs- bis zehnjährigen Stockausschlägen beim chinesischen Zimt.

Beim Ceylonzimt wird die Außenseite der Rinde abgeschabt, denn die Rindenschicht, die das würzende aromatische Öl enthält, ist hauchdünn und liegt zwischen der Schutzhaut der Rinde und dem Holz des Baumes. Beim Trocknen rollt sich diese Haut dann zu Röhren auf. Beim chinesischen Zimt wird die äußere Schicht meist nicht oder nur unvollständig abgelöst, weshalb sich die Rindenstücke auch nicht so eng aufrollen wie beim Ceylonzimt. Das Aroma ist kräftiger, der Gehalt an ätherischen Ölen höher, aber im ganzen schmeckt der Ceylonzimt eben feiner.

Neben den beiden genannten Zimtarten gibt es noch andere Zimtarten, zum Beispiel den Burmazimt aus Indonesien und von den Philippinen sowie den Saigonzimt aus Indochina.
Gehandelt werden von alters her die beim Trocknen entstandenen Hautröhren.

Daneben gibt es im Handel auch Zimtpulver, wobei das Pulver des chinesischen Zimtes rötlicher ist als das des Ceylonzimts, das eine gelblichbraune Farbe hat.

Irgendwann sah dann der erste Europäer die Zimtwälder Ceylons. Dann kam der Zimthandel in die Hände der mächtigen Seefahrer-Nationen. Die Holländer, die Ceylon beherrschten, versuchten mit brutalen Maßnahmen, die Preise für den Zimt hoch zu halten.

In Mitteleuropa war Zimt im ausgehenden Mittelalter und der beginnenden Neuzeit ein Luxusprodukt, das auch als Wundermedikament bei Lebererkrankungen und Angina pectoris angewandt wurde. Die berühmten Fugger aus Augsburg hatten den deutschen Zimthandel in der Hand. Im Gegensatz zum deutschen Kaiser verfügten die «Pfeffersäcke» über Geld.
Als es im Jahr 1519 darum ging, einen neuen deutschen Kaiser zu wählen, gab es im Deutschen Reich zwei Bewerber. Der eine war Karl von Habsburg, der andere Franz von Frankreich. Um die Kurfürsten zu bestechen, die das Recht hatten, den Kaiser zu wählen, lieh sich Karl eine bedeutende Summe Geld bei Jakob Fugger aus. Er hatte Erfolg und als Karl V. wurde er Deutscher Kaiser. Jakob Fugger aber, so wird erzählt, entfachte in Anwesenheit des neuen Kaisers ein Feuer aus Zimtstangen und verbrannte darauf den Schuldschein als Zeichen, daß er dem Kaiser die Schulden erließ. Vielleicht auch als dezenten Hinweis auf die Herkunft des vielen Geldes und die Schutzbedürftigkeit des Handels.

Seitdem ist viel Zeit vergangen und der Zimt ist zu einem beliebten Gewürz des Volkes geworden. Zucker und Zimt, eine Alliteration, die ins Ohr geht – und die Mischung, über einen Reisbrei gestreut, zergeht angenehm im Mund. Die beiden gehören zu Kompott und zu Gebäck wie zu den berühmten Zimtsternen, ohne die es fast nicht Weihnachten werden kann.
Viel Zimt verbrauchen die Produzenten von Getränken, Zimt ist in Cola wie in Würzweinen. In der asiatischen Küche allerdings wird der Zimt auch als Würze bei Fleischspeisen verwendet. Und nicht zu vergessen, Zimt ist auch ein Bestandteil von Currys. Selbst aus einer einfachen Tomatensauce kann man mit einer Prise Zimt, vielleicht zusammen mit einem Lorbeerblatt, etwas Besonderes machen.

Nach Jean Valnet wirkt Zimt stimulierend auf Kreislauf, Herz und Atmungsfunktionen, ist verdauungsfördernd und magenstärkend, antiseptisch und fäulnishemmend (so soll der Zimt aus Ceylon noch in einer Dosis von 1:300 Typhusbakterien töten). Zimt bekämpft Blähungen, löst Krämpfe, ist blutstillend. Er wirkt auch leicht aphrodisisch, fördert den Beginn der Monatsblutung, bewirkt eine leichte Erhöhung der Körpertemperatur, der Speichelproduktion, der Augenflüssigkeit und der Nasensekretion.

Valnet empfiehlt die Einnahme von Zimt bei allgemeinen Schwächezuständen, bei Muskelschmerzen infolge Grippe- und Erkältungskrankheiten, bei Herzrhythmusstörungen, Verdauungsbeschwerden, Darmkrämpfen, Durchfall, Gebärmutterblutungen, Impotenz und schließlich heißt es: «... wurde früher während der kalten Jahreszeit Melancholikern, Verdauungsschwachen und Greisen sehr empfohlen.» Ich entnehme daraus, daß Zimt wahrscheinlich auch ein Mittel gegen Depressionen ist.

Ingeborg Münzing-Ruef empfiehlt, in der Woche vor der Monatsblutung reichlich Zimt zu essen, zum Beispiel als Zimtzucker auf Joghurt oder Dickmilch, auf einem Bratapfel oder als Prise in heißen Getränken. Sie sagt: «Zimt scheint für die richtige Assimilation der Nahrung Insulin freizusetzen!» Sie zitiert die Sprüche Salomons: «Ich habe mein Lager mit Myrrhe, Aloe und Zimt besprengt. Komm, laß uns buhlen bis an den Tag und laß uns der Liebe pflegen». Und sie weist darauf hin, daß Duftstoffe über die Nervenbahnen die Sexualdrüsen anregen. Sie spricht von Liebestränken und von «Pillen aus Ingwer und Zimt», die das Paar unmittelbar vor der Vereinigung gemeinsam essen sollte. Sie meint aber, daß es heutzutage auch ein Lebkuchen täte.

Zitronengras

Das hatten wir bisher noch nicht, ein Mitglied der Familie der Gräser, *Poaceae* oder *Gramineae*, als Gewürz. Es wächst in den Tropen Südostasiens wild: das Zitronengras oder Malabargras oder Zitronellgras. Die lateinische Bezeichnung lautet *Cymbopogon citratus*.
In seiner Heimat nimmt man die untersten zehn Zentimeter der Stengel, die sich nach unten zwiebelartig verdicken und das meiste Duftöl enthalten, als Gewürz zu Fleisch- und Fischgerichten.

Zitronengras ist in indonesischen Gewürzpasten enthalten, die man bei uns kaufen kann. Frisches Zitronengras wird gelegentlich auf unseren Gemüsemärkten als Küchen- und Gewürzkraut angeboten. Findet man Gefallen daran, so ist der Gemüsehändler ganz bestimmt bereit, auf dem Großmarkt Zitronengras zu besorgen.

Man gibt das Zitronengras roh, fein geschnitten in Salate oder kocht es in gröberen Stücken in Eintöpfen oder Suppen mit. Der wichtigste Bestandteil der Pflanze ist das ätherische Zitronenöl, das äußerst wohlriechend ist. Es wird auch zur Herstellung von Parfüm und kosmetischen Artikeln verwendet.

Vielleicht gelingt es, frisches Zitronengras mit Wurzelansätzen zu bekommen. Das kann man in Wasser stellen, in dem schon bald die Wurzeln wachsen. Dann kann das Gras in einen Blumentopf gesetzt werden, wo es sich auf einem sonnigen Balkon rasch vermehrt und frisches Zitronengras liefert. Im Winter mag das Zitronengras an einer hellen Stelle im Haus einen Platz haben.

Suppen

Linsensuppe mit Chili und Tomaten

Chili

Lorbeer

Bouillon mit Eierstich

Nelken

Lorbeer

Pfeffer

Muskat

Scampi-Rahmcrème-Suppe

Pfeffer, schwarz

Lorbeer

Pfeffer, weiß

Cayennepfeffer

Senfpulver

Artischocken-Crèmesuppe

Cayennepfeffer

Zwiebel-Käsesuppe

Kümmel

Pfeffer, weiß

Kalte Tomatensuppe

Pfeffer, grün

Linsensuppe, Rezept s. Seite 84

Linsensuppe mit Chili und Tomaten

1. 1 EL Olivenöl
   1 große Zwiebel, fein gehackt
   1 Knoblauchzehe, gepreßt
2. 1 l Gemüse- oder Fleischbrühe
   2 EL Tomatenpüree
   Salz
   2 Chilischoten, getrocknet oder frisch, ganz belassen
   1 Lorbeerblatt
3. 200 g braune Linsen, mit kaltem Wasser abgespült
4. Pfeffer
5. ev. 2 frische rote und grüne Chilischoten

Linsen über Nacht einweichen, abseihen.
Das Öl erhitzen, Zwiebel und Knoblauch darin dünsten, bis sie glasig sind. Die Zutaten von 2. beigeben. Die Linsen dazugeben, 30 Min. köcheln lassen. (Die Linsen müssen ganz weich sein). Lorbeer und Chilischoten entfernen, nachwürzen. Mit den frischen Chilischoten bestreut und mit Weißbrot (Fladenbrot oder Baguette) servieren.

Bouillon mit Eierstich

Bouillon:

1. 1 EL Sonnenblumenöl
   2 Zwiebeln mit der gelben Haut, halbiert
2. 500 g Rindsknochen, zerkleinert
   3 Karotten, geschält, der Länge nach aufgeschnitten
   1/4 kleiner Wirsing
   2 Lauchstengel
   1 Knoblauchzehe, halbiert
   1 Nelke
   1 Lorbeerblatt
   5 Pfefferkörner
   3 l Wasser, kalt
3. Salz, Pfeffer, Muskatnuß
   1 EL gehackte Petersilie
   ev. 2 EL Sherry oder Cognac

Eierstich:

4. 2 Eier
   100 ml Milch
   Salz

Bouillon:
Das Öl erhitzen. Die Zwiebeln darin ringsum stark anbraten. Alle Zutaten von 2. beigeben, aufkochen, auf kleinem Feuer 2 – 3 Std. köcheln, ev. abschäumen. Dann abseihen, würzen.

Eierstich:
Die Zutaten von 4. gut miteinander verquirlen. In eine kleine, bebutterte Auflaufform füllen. Diese in einem Wasserbad (das nicht ganz kochen darf) 40 Min. ziehen lassen. Das Förmchen in kaltes Wasser stellen. Den Eierstich nach dem Erkalten vom Rand lösen, stürzen, in 1 cm dicke Scheiben und diese in 1 cm große Würfel schneiden.

Scampi-Rahmcrème-Suppe

1. 250 g Scampi, vom Fischhändler aus der Schale gelöst. Darm entfernt. Kopf und Schale werden für den für den Suppenfond benötigt
2. 1 Karotte, in zündholzgroße Stifte geschnitten
   2 Stangen Bleichsellerie, in Streifen geschnitten
   2 Stangen Lauch, in Streifen geschnitten
   1 EL Petersilie, fein gehackt
   1 TL schwarze Pfefferkörner
   2 l Wasser
3. 2 EL Butter
   1 Lauchstange, in Streifen geschnitten
   1 Knoblauchzehe, gepreßt
   300 g frische Champignons, blättrig geschnitten
   2 EL Petersilie, fein gehackt
   1 Lorbeerblatt
   1 TL Salz
   1 TL Basilikum, fein gehackt
   1/4 TL weißer Pfeffer, gemahlen
   1 Msp. Cayennepfeffer
   1/2 TL Senfpulver
4. 2 EL Stärkemehl (Mondamin, Maizena)
   200 ml Doppelrahm
5. 2 EL Sherry

Kopf und Schalen der Scampi zusammen mit den Zutaten von 2. aufkochen und ca. 1/4 Std. köcheln lassen. Abschäumen. Auf kleiner Flamme gut 2 Std. köcheln lassen (nicht zudecken). Die Flüssigkeit muß um die Hälfte einkochen. Diesen Fond durch ein Sieb gießen. Warmstellen. Die Butter in einer Bratpfanne zerlassen. Die restlichen Zutaten von 3. und die Scampi beigeben. Dämpfen, bis die Scampi gar sind (ca. 10 Min.). Das Lorbeerblatt entfernen. Die Suppe mit dem Stabmixer fein pürieren. Das Stärkemehl mit dem Rahm verrühren. Zur Suppe geben.
Alles nochmals aufkochen. Ev. nachwürzen.
Vor dem Servieren den Sherry beigeben.

Artischocken-Crèmesuppe

1. 4 Artischocken
   1 l Wasser
   Saft einer halben Zitrone
   Salz
   2 Knoblauchzehen, gepreßt
   2 EL Olivenöl
2 2 EL Butter
   1 Zwiebel, fein gehackt
   300 ml Hühnerbrühe
   2 Pr. Cayennepfeffer
   1 EL Basilikum, fein gehackt
3. 250 ml Rahm
   1 TL Speisestärke

Die Artischocken waschen, die Stiele bis auf 1 cm wegschneiden, die äußeren Blätter wegbrechen, die inneren mit einem scharfen Messer wegschneiden, so daß nur noch die Herzen übrigbleiben.
Die Zutaten von 1. aufkochen. Die Artischokkenherzen beigeben. Das Gemüse ca. 20 Min. köcheln lassen, dann aus dem Sud nehmen. Mit einem Löffel auch das Heu auf den Herzen entfernen. Dieses und den restlichen Abfall zusammen mit ca. 3/4 l des Suds 1/2 Std. köcheln lassen. Abseihen.
Die Butter zergehen lassen. Die Zwiebel darin glasig dämpfen. Mit der Hühnerbrühe ablöschen. Die Kräuter und 1/2 l des Suds beigeben, aufkochen.
Den Rahm und die Speisestärke miteinander verrühren. Beigeben. Alles nochmals aufkochen. Die Artischockenherzen fein zerschneiden, vor dem Servieren beigeben.

Zwiebel-Käsesuppe

1. 2 EL Butter
   4 Zwiebeln, in Scheiben geschnitten
   1 l Hühnerbrühe
2. 150 ml Weißwein
   1 EL Kümmel
   Pfeffer, gemahlen
3. 6 Weißbrotscheiben, getoastet, in Würfel geschnitten
   100 g Emmentalerkäse, gerieben
4. 2 EL Petersilie oder Schnittlauch, fein gehackt

Die Butter zergehen lassen, die Zwiebeln darin glasig dünsten. Mit der Hühnerbrühe ablöschen. 10 Min. köcheln lassen. Die Zutaten von 2. beigeben. Nochmals 10 Min. köcheln. Die Zutaten von 3. in 4 Suppentassen verteilen. Die Suppe darüber anrichten. Mit dem Gewürzkraut bestreut servieren.

Kalte Tomatensuppe mit Radieschen

Die Großmutter, von der ich dieses Rezept erhielt, ist zwar noch jung. Ich schreibe es aber hier auf, weil wohl jedermann gelegentlich eine Suppe mag, die er noch nicht kennt – auch wenn er sogar Bauer ist oder heißt!

1. 500 g ganz reife Tomaten
   3 Bund Radieschen oder 2 rote Rettiche
   250 ml Crème fraîche
   1/2 TL Salz
2. 2 – 3 EL Campari
   Salz, Pfeffer
3. 2 EL grüne Pfefferkörner
4. einige schöne Radieschen

Die Tomaten waschen, pürieren, durch ein Sieb streichen. Das Mus in den Mixer geben.
Die Radieschen waschen, hobeln, hacken, zum Tomatenmus geben, ebenso die Crème fraîche. Alles zu einer zarten Crème pürieren. Diese mit dem Campari verfeinern, würzen. In Suppentassen abfüllen. Die Pfefferkörner darüberstreuen. Kaltstellen. Vor dem Servieren mit den frisch gehobelten Radieschenscheiben garnieren.

Gemüse/Salate

Orangensalat mit Zwiebeln

Cayennepfeffer

Gepfefferte Kartoffeln

Pfeffer

Cayennepfeffer

Kartoffelsalat Michele

Muskat

Weißkohlsalat mit Kümmel

Kümmel

Pfeffer

Rotkohl mit Gewürznelken

Pfeffer

Lorbeer

Gewürznelken

Wacholderbeeren

Pimentkörner

Randensalat (Rote-Bete-Salat)

Senf

Pfeffer

Kümmel

Reissalat mit Ananas

Ingwer

Orangensalat mit Zwiebeln, Rezept s. Seite 92

Orangensalat mit Zwiebeln

1. 3 große Orangen
   2 Gemüsezwiebeln
2. 3 EL Weißweinessig
   3 Sonnenblumenöl
   Salz
   1 Msp. Cayennepfeffer
3. 12 schwarze und grüne Oliven, entsteint, grob gehackt

Die Orangen und die Zwiebeln schälen, in Scheiben schneiden. Auf einer flachen Platte abwechslungsweise eine Orangen- und eine Zwiebelscheibe schuppenförmig auslegen. Die Zutaten von 2. miteinander vermengen, über den Salat träufeln. Die Olivenstückchen darüberstreuen.

Gepfefferte Kartoffeln

1. 1 kg neue Kartoffeln
2. 2 EL Olivenöl
   3 TL Salz
   2 TL weißer Pfeffer
   1 TL Cayennepfeffer

Die gewaschenen, ungeschälten Kartoffeln in ca. 1/2 cm dicke Scheiben schneiden. Die Zutaten von 2. miteinander vermengen und damit die Kartoffelscheiben beidseitig bepinseln. Mindestens 1/2 Std. marinieren. Die Scheiben ca. 10 Min. grillen, dabei immer wieder umdrehen.

Kartoffelsalat Michele

1. 1 kg Schalenkartoffeln, am besten Typ A (schnittfest),
   geschält, in dünne Scheiben geschnitten
   250 ml Fleischbrühe*)
2. 2 Essiggurken, in Rädchen geschnitten
   1 kleine Zwiebel, fein gehackt
   10 grüne Oliven, in Scheiben geschnitten
3. 4 EL Olivenöl
   2 EL Balsamessig
   1 EL Weißweinessig
   Salz, Pfeffer
   1/2 TL Muskatnuß, gemahlen

Die Kartoffeln in eine Salatschüssel geben, mit der Fleischbrühe übergießen, gut vermengen. Die Zutaten von 2. zugeben. In einer zweiten Schüssel die Zutaten für die Sauce (3.) miteinander mischen. Über den Salat gießen, wieder gut vermengen, 1/2 Std. ziehen lassen.

*) die Zugabe von Fleischbrühe verhindert, daß sich die Kartoffelscheiben verpappen.

Weißkohlsalat mit Kümmel

1. 4 EL Sonnenblumenöl
   1 Zwiebel, fein gehackt
   2 EL geräucherter Speck, in feine Streifen geschnitten
   1 TL Kümmel
2. 1 kleiner Weißkohl, Wurzelansatz und äußere Blätter entfernt, in vier Teile geschnitten, Strunk durch Schrägschnitt entfernt, gehobelt oder in feine Streifen ge schnitten
3. 1 EL Essig
   Salz, Pfeffer

Das Öl erhitzen, die restlichen Zutaten von 1. beigeben, dämpfen, bis Zwiebel und Speck glasig sind. Die Kohlstreifen dazugeben, dämpfen, bis sie halbgar sind (ca. 1/4 Std.). Zutaten von 3. gut untermengen. Kann lauwarm oder kalt serviert werden.

Rotkohl mit Gewürznelken

1. 3 EL Butter oder Schweineschmalz
   1 mittelgroßer Rotkohl, Wurzelansatz und äußere Blätter entfernt, in vier Teile geschnitten, Strunk durch Schrägschnitte entfernt, gehobelt oder in feine Streifen geschnitten
   1 Apfel, geschält, geviertelt, Kerngehäuse entfernt, in feine Streifen geschnitten
   2 EL Rotweinessig
   1 Prise Zucker
   Salz, Pfeffer
2. 1 Tasse heißes Wasser
   1 Zwiebel, geschält, ganz belassen, besteckt mit 1 Lorbeerblatt, 2 Gewürznelken
3. 5 Gewürznelken
   5 Wacholderbeeren
   5 Pimentkörner
4. 3 EL Madeira oder Portwein, evtl. trockener Rotwein
5. 2 EL Johannisbeergelee

Das Fett von 1. schmelzen, die übrigen Zutaten von 1. der Reihe nach beigeben. Immer wieder durchmischen. Mit dem Wasser (2.) ablöschen. Die besteckte Zwiebel und die Gewürze (3.) dazugeben. Zugedeckt auf kleinem Feuer köcheln. Umrühren. Nach 1/2 Std. den Wein zugeben, weitere 20 Min. kochen.
Die Zwiebel entfernen, Gemüse mit dem Johannisbeergelee verfeinern.

Randensalat (Rote-Bete-Salat)

1. 500 g Randen
2. 2 EL Weißweinessig
   ½ TL Senf, scharf
   5 EL Sonnenblumenöl
   Salz, Pfeffer
   1 EL Petersilie, fein gehackt
   1 EL Dill, zerzupft
   1 Zwiebel, fein gehackt
   ½ – 1 TL Kümmel

Die Randen waschen, knapp mit leicht gesalzenem Wasser bedeckt kochen (ca. 50 Min.), schälen. In Scheiben, Streifen oder Würfelchen schneiden, in eine Salatschüssel geben. Die Zutaten von 2. in der angegebenen Reihenfolge miteinander vermengen. Über den Salat geben und alles gut mischen. Mindestens 1 Std. ziehen lassen (nicht im Kühlschrank!).

Reissalat

1. 1 l Gemüsebrühe
   200 g indischer Reis
2. 1 Glas Joghurt
   2 EL Zitronensaft
   50 g kandierter Ingwer, klein gehackt
   1 Prise Salz
3. 4 Scheiben Ananas, in Stückchen geschnitten
   ev. 200 g Shrimps oder geschnetzeltes, in Butter kurz gedämpftes Geflügelfleisch

Die Gemüsebrühe aufkochen. Den Reis einrieseln lassen. Zugedeckt 20 Min. auf der abgestellten Kochplatte quellen lassen.
Die Zutaten von 2. miteinander vermengen. Zuerst diese Sauce, dann die Zutaten von 3. daruntermengen.

Fisch

Kabeljau mit Muskatbuttersauce

Pfeffer

Muskatnuß

Schwedische Heringsfilets

Lorbeer

Wacholderbeeren

Pfeffer

Pimentkörner

Senfkörner

Fischbällchen mit Tomaten-Joghurtsauce

Paprika

Pfeffer

Felchen an Safransauce

Safran

Pfeffer

Graved Lachs (Gebeizter Lachs)

Pfeffer

Senf

Kabeljau mit Muskatbuttersauce, Rezept s. Seite 100

Kabeljau mit Muskatbuttersauce

1. 1 kg Lauch, in Streifen geschnitten
2. 750 g Kabeljau (am besten das Schwanzstück)
   Saft einer Zitrone
   Salz, Pfeffer
   100 g Butter

Sauce:

3. 2 EL Weißweinessig
   1 Zwiebel, fein gehackt
4. 100 g Butter
5. 1 TL Muskatnuß, gerieben

Fisch:

Backofen auf 180°C vorheizen.
Die Lauchstreifen in eine bebutterte Kasserolle legen. Den Fisch innen und außen mit Zitronensaft beträufeln, würzen, auf den Lauch legen. Alles mit den Butterflöckchen bestreuen und zugedeckt im Ofen 40 Min. garen.

Sauce:

Den Essig und die Zwiebel so lange miteinander köcheln lassen, bis die Flüssigkeit beinahe verdampft ist. Alles durch ein Sieb in ein Schüsselchen streichen, das in ein Wasserbad gestellt wird. Die Butter von 4. flöckchenweise beigeben, dabei mit dem Schneebesen kräftig schlagen. Vor dem Servieren mit dem Muskat würzen.

Schwedische Heringsfilets

1. 4 Salzheringe, vom Fischhändler filetiert
   250 ml Milch
2. 200 ml Estragonessig
   2 Lorbeerblätter
   3 Zwiebeln, in Ringe geschnitten
   1 Handvoll Wacholderbeeren
   ca. 10 schwarze Pfefferkörner
   ca. 10 Pimentkörner
   1 TL gelbe Senfkörner
   1 EL Zucker
3. 100 ml Sauerrahm
   1 EL Dill, zerzupft
   1 EL Petersilie, fein geschnitten
   2 Essiggurken, in Rädchen geschnitten

Die Fischfilets einen Tag lang zum Entsalzen in der Milch einlegen, trockentupfen, in fingerlange Streifen schneiden und in eine Schale legen. Die Zutaten von 2. miteinander aufkochen, abkühlen lassen. Den Sud abseihen und über die Fische geben. Sie müssen vom Sud bedeckt sein. Kaltgestellt über Nacht ziehen lassen. Vor dem Servieren aus der Marinade nehmen, die Zutaten von 3. zur Marinade geben. Die Fischstreifen auf einem Teller ausbreiten und die Marinade über die Filets gießen.

Fischbällchen mit Tomaten-Joghurtsauce

Bällchen:

1. 400 g beliebiger Fisch
   soviel Milch, daß die Fische bedeckt sind
2. 2 EL Butter
   1 Zwiebel, gehackt
   1 Knoblauchzehe, gepreßt
   1 TL mildes Paprikapulver
   2 EL Petersilie, fein geschnitten
   Salz, Pfeffer
3. 300 g Kartoffelpüree
   1 Ei, verquirlt
   Salz, Pfeffer
4. 2 EL Mehl
   1 Ei, verquirlt
   3 EL Paniermehl
5. 3 EL Olivenöl

Sauce:

6. 1 Glas Joghurt
   1 Knoblauchzehe, gepreßt
   2 EL Olivenöl
   2 EL Tomatenmark
   Salz, Pfeffer
7. 1 Zitrone, in Schnitze zerteilt

Bällchen:

Fisch in der Milch auf kleiner Flamme weichgaren (ca. 1/4 Std.), Gräten entfernen, fein zerzupfen. Die Butter zergehen lassen, Zwiebel und Knoblauch darin andünsten. Die restlichen Zutaten von 2. beigeben.
Den Kochtopf vom Feuer nehmen. Den Fisch mit den Zutaten von 3. vermengen, den Gewürzbrei beigeben. Es muß ein Teig entstehen, den man formen kann. Ev. noch etwas Paniermehl darunterarbeiten. Teelöffelgroße Bällchen daraus formen. Die Zutaten von 4. auf je einen

Teller geben. Die Bällchen zuerst im Mehl, dann im Ei und zuletzt im Paniermehl wenden. Das Öl erhitzen, die Bällchen darin ringsum goldbraun braten.

Sauce:
Alle Zutaten miteinander vermengen.
Die Bällchen mit der Sauce und den Zitronenschnitzen servieren.

Felchen an Safransauce
(oder anderer Süßwasserfisch)

1. 4 Felchen, geschuppt oder
   ca. 800 g Felchenfilets
   Salz
   Saft einer Zitrone
2. 200 ml Rahm
   Msp. Safran (soviel, daß die Sauce schön gelb wird. Ich würde bei mir ein Briefchen nehmen) Salz, Pfeffer

Backofen auf 180°C vorheizen.
Die Fische abspülen. Innen und außen mit Salz bestreuen, mit dem Zitronensaft beträufeln. In eine bebutterte Auflaufform legen. Die Zutaten von 2. miteinander verrühren, über den Fisch gießen. 10 bis 15 Min. überbacken. (Die Sauce sollte hell bleiben.) Ev. mit Alufolie abdecken. Blattspinat und Salzkartoffeln dazu servieren.

Graved Lachs (Gebeizter Lachs)

Fisch:

1. 1 kg frischer Lachs oder Lachsforelle (Mittelstück), im Fischgeschäft bereits filetiert = 2 gleich große Fischteile
2. 3 El frischer Dill, fein zerzupft
   1 El Salz
   1 EL Zucker
   1 EL grob gemahlener schwarzer Pfeffer
3. 1 EL frischer Dill, fein zerzupft
   2 Eier, hart gekocht, in Schnitze zerteilt

Mayonnaise:

4. 1 Eigelb von einem hartgekochten Ei, mit der Gabel fein zerdrückt
   1 Prise Salz
   4 EL scharfer Senf (Dijon)
   1 EL Zucker
   2 EL Dillessig
5. 6 EL Sonnenblumenöl
6. ½ Bund Dill, fein gehackt

Fisch:

Die eine Fischseite (Haut nach unten) in eine flache Schüssel legen. Die Zutaten von 2. darüberstreuen. Die zweite Fischseite mit der Haut nach oben darüberlegen und mit einer Plastikfolie bedecken. Das ganze beschweren, z.B. mit einem Schneidebrett oder einem Teller, auf den man mehrere Gewichte (beispielsweise volle Konservendosen) stellt.
Im Kühlschrank 3 – 4 Tage marinieren, dabei den Fisch täglich zweimal mit dem ausgetretenen Saft bepinseln und erneut beschweren.
Den Fisch mit kaltem Wasser abspülen und trockentupfen. Schräg mit einem ganz scharfen Messer in möglichst dünne Scheiben schneiden. Diese auf eine Platte legen und mit den Eiern und den Dillzweigen garnieren.

Mayonnaise:

Die Zutaten von 4. miteinander verrühren. Das Öl tropfenweise beigeben, dabei mit dem Schneebesen ständig rühren, bis eine dickliche Sauce entstanden ist. Zuletzt den Dill beigeben. Zum Fisch servieren. Am besten schmeckt Gurkensalat dazu.

Geflügel

Indisches Gewürzhuhn vom Grill

Zimt, Kardamom
Kreuzkümmel,
Ingwer, Lorbeer, Chili

Orangenpute im Römertopf

Ingwer
Piment

Gebratenes Curryhuhn

Curry

Hühnerpilaw

Lorbeer
Kardamom
Ingwer, Nelken
Zimt, Safran

Paprikahuhn

Paprika

Gebeizte Entenbrust Claudine

Koriander
Pfeffer, Piment
Wacholder, Lorbeer

Scharfe Preiselbeersauce

Koriander, Pfeffer
Piment, Wacholder
Senf

Indisches Gewürzhuhn, Rezept s. Seite 108

Indisches Gewürzhuhn vom Grill

Marinade:

1. 1 Glas Joghurt
   3 EL Crème fraîche
   1/2 TL Zimtpulver
   1/2 TL Kardamom, gemahlen
   1/2 TL Kreuzkümmel
   1 EL frischer geriebener Ingwer
   (oder 1/2 TL Ingwerpulver)
   1 Lorbeerblatt, fein zerbröselt
   1/2 Chilischote, fein gehackt
   (oder 2 Msp. Cayennepfeffer)
   2 Knoblauchzehen, gepreßt
   1 EL Petersilie, fein geschnitten
2. 1 Poulet, ca. 1,2 kg
   2 EL Sonnenblumenöl
   Salz, Pfeffer

Sauce:

3. 1 TL Stärkemehl
   2 EL Wasser

Die Zutaten von 1. miteinander vermengen. Das Poulet damit ringsum einreiben, einen Teil davon in die Bauchhöhle geben. Zugedeckt über Nacht im Kühlschrank ziehen lassen. Vor dem Grillen oder Braten die Marinade abstreifen. Das Fleisch salzen, pfeffern, mit dem Öl bepinseln. Auf dem Grill – oder im auf 220°C vorgeheizten Ofen in einer Kasserolle – 3/4 Std. braten. Unterdessen die Marinade mit dem in Wasser aufgelösten Stärkemehl (4.) binden.

Orangenpute im Römertopf

1. 1 Babypute oder 1 Poularde
   Salz, Pfeffer
   4 Knoblauchzehen, gepreßt
   3 Orangen (abgeriebene Schale, das Fruchtfleisch ohne die weiße Haut in Scheiben geschnitten)
2. 4 EL Orangensaft
   3 EL Sojasauce
   50 g (2 EL) geriebenen frischen Ingwer
   (oder 1 TL Ingwerpulver)
   1/2 TL Piment, gemahlen
   1 EL Honig
3. 1 EL Stärkemehl (Maizena, Mondamin)
   3 EL Wasser

Den Römertopf 15 Min. ins Wasser legen. Das Geflügel waschen, trockentupfen, innen und außen würzen und mit dem Knoblauch bestreichen. Die Orangenscheiben in die Bauchhöhle füllen, das Huhn in den Römertopf legen, (Brustseite nach unten), die Schalenschnipsel darüberstreuen. Die Zutaten von 2. miteinander vermengen, über das Huhn gießen. Den Topf schließen und in den kalten Backofen stellen. Bratzeit 80 Min., sobald die Temperatur von 200°C erreicht ist.

Das Huhn in Portionenstücke zerteilen. Den Saft in einen Kochtopf geben. Das Stärkemehl mit dem Wasser anrühren, beifügen, auflösen. Aufkochen.

Die Fleischstücke zurück in den Römertopf schichten, die Sauce darübergießen. Nochmals 10 Min. braten. Diesmal aber den Deckel nicht auflegen.

Gebratenes Curryhuhn (Chicken Curry)

1. 1 Poulet, ca. 1,2 kg schwer, in 8 Teile zerlegt
   Salz, Pfeffer
   2 – 4 EL Currypulver
   2 EL Mehl
2. 100 g Magerspeck, in Würfel geschnitten
3. 2 Zwiebeln, grob gehackt
   1 Knoblauchzehe, gepreßt
4. 200 ml trockener Weißwein
   ca. 500 ml Hühnerbrühe
5. 1 Apfel, geschält, in acht Teile geschnitten, Kerngehäuse entfernt, in Scheiben geschnitten
   3 EL Sultaninen
6. 100 ml Rahm
   1 EL Zitronensaft
   ev. 100 ml Kokosmilch
7. 2 EL Butter
   3 Bananen, in Rädchen geschnitten
   2 Äpfel, geschält, das Kerngehäuse ausgestochen, in Ringe geschnitten
8. einige Petersilienzweige

Die Hühnerstücke mit den Gewürzen von 1. einreiben, im Mehl wenden. Die Speckwürfel in der Bratpfanne auslassen, dann aus dem Fett nehmen. Die Zwiebeln und den Knoblauch darin glasig dämpfen. Aus dem Fett nehmen. Die Hühnerstücke in der gleichen Pfanne ebenfalls anbraten. Mit dem Wein ablöschen. Soviel Brühe dazugeben, daß das Fleisch knapp zur Hälfte darinliegt. Zutaten von 5. beigeben. Während 50 Min. schmoren. Die Zutaten von 6. dazugeben, ev. nochmals mit Curry nachwürzen. In einem Reisring anrichten. Die Butter schmelzen. Die Zutaten von 7. darin dämpfen und über das Huhn geben. Mit der Petersilie garnieren.

Hühnerpilaw

1. 1 Zwiebel, in vier Teile geschnitten
   1 Lorbeerblatt
   1 TL Salz
   2 1/2 l Wasser
2. 1 Suppenhuhn, ca. 1,5 kg schwer, in 8 Teile zerschnitten
3. 1 EL Butter
   1 Zwiebel, gehackt
   2 Knoblauchzehen, gepreßt
   1 1/2 l der obigen Hühnerbrühe
   1/2 TL Kardamompulver
   1 daumengroßes Stück frischen Ingwer, geraffelt (oder 1 TL Ingwerpulver)
   3 Gewürznelken
   1/2 Zimtstange
   1 Briefchen Safran
   400 g Patnareis
4. 1 EL Butter
   1 Handvoll Mandeln, geschält, in Stifte geschnitten
5. 100 g Rosinen
6. 2 EL Butterfett
   2 Zwiebeln, in Ringe geschnitten

Die Zutaten von 1. aufkochen. Die Hühnerteile beigeben, das Huhn weichkochen (je nach Alter des Huhns 1 – 2 1/2 Std.).
Die Butter von 3. erhitzen, Zwiebel und Knoblauch darin etwas dämpfen, die restlichen Zutaten der Reihe nach beigeben. Zudecken und auf kleinster Flamme ca. 20 Min. garen. Unterdessen das Hühnerfleisch entbeinen und in mundgerechte Stücke schneiden.
Die Butter von 4. zergehen lassen, die Mandeln darin rösten. Fleisch, Reis, die Mandeln und die Rosinen miteinander vermengen. Ev. nachsalzen. Das Butterfett erhitzen, die Zwiebelringe darin knusprig braten.
Vor dem Servieren über das Huhn geben.

Paprikahuhn

1 1 Poulet, ca. 1,2 kg schwer,
in 8 Stücke zerteilt
Salz, Pfeffer
2. 2 EL Sonnenblumenöl
5 große Zwiebeln, grob gehackt
3. 2 EL Rosenpaprika (mild)
2 EL Tomatenmark und 2 EL Wasser (oder 2 große Tomaten, in Scheiben zerschnitten)
250 ml Hühnerbrühe
2 grüne Paprika (Peperoni) Stielansatz und Kerne entfernt, in Streifen geschnitten

Das Fleisch salzen und pfeffern. Das Öl in einer Kasserolle erhitzen, die Zwiebeln darin glasig dünsten. Die Hühnerstücke beigeben. Alles auf mittlerer Flamme anbraten. Die Zwiebeln dürfen nicht dunkel werden. Bratzeit ca. ¼ Std.
Das Paprikapulver darüberstäuben. Gut untermengen.
Das Tomatenmark mit Wasser verrühren und beigeben. Oder die Tomatenscheiben beigeben. Etwas Hühnerbrühe beigeben. Zugedeckt ca. 1 Std. auf kleiner Flamme garen. Dabei die Brühe nach und nach beigeben.
Die Paprikastreifen 5 Min. in kochendem Wasser blanchieren. Vor dem Servieren zum Huhn geben.
Dazu passen Trockenreis, Nudeln oder Kartoffelknödel.

Gebeizte Entenbrust Claudine

1. 1 TL Koriander
   1 TL weiße Pfefferkörner
   5 Pimentkörner
   10 Wacholderbeeren
   4 Lorbeerblätter
2. 4 Entenbrustfilets (ca. 300 g)
   Salz, Pfeffer
3. 4 kleine Zwiebeln, geviertelt
   400 ml Wasser
   5 Wacholderbeeren
4. 400 ml Crème fraîche
5. 2 EL Stärkemehl (Mondamin, Maizena)
   4 EL Wasser
6. Salz, Pfeffer
   1 TL Zucker

Die Gewürze im Mörser fein zerstoßen. Die Haut der Entenbrust rautenförmig einschneiden. Mit den Gewürzen beidseitig einreiben.
In Plastikfolie eingepackt und mit einem Teller beschwert über Nacht im Kühlschrank ziehen lassen.
Den Backofen auf 225° C vorheizen. Das Fleisch beidseitig salzen und mit der Hautseite nach unten in der Kasserolle anbraten.
Wenden.
Die Zwiebeln beigeben, andünsten, mit dem Wasser und dem Saft, der sich beim Marinieren gebildet hat, ablöschen. Abgedeckt 15 bis 20 Min. garen. Fleisch warmstellen. Das überstehende Fett vom Fond entfernen. Die Crème fraîche zugeben. Das Stärkemehl mit dem Wasser verrühren, die Sauce aufkochen. Mit den Zutaten von 6. würzen.

Dazu paßt:

Scharfe Preiselbeersauce

1 Glas Preiselbeermarmelade
1 Msp. Koriander, gemahlen
1 Msp. weißer Pfeffer, gemahlen
1 Msp. Piment, gemahlen
5 Wacholderbeeren, zerdrückt
1 EL Dijonsenf
2 EL Orangensaft

Alle Zutaten miteinander verrühren.

albsragout in Gewürzsauce, Rezept s. Seite 118

Fleisch

Kalbsfuß in Sülze Senfkörner
Pfeffer, weiß
Lorbeer
Gewürznelken

Kalbsragout in Gewürzsauce
Pfeffer, Zimt
Gewürznelken

Rostbraten Lorbeer
Pfeffer, schwarz
Gewürznelken
Muskat

Kaninchen mit Koriander
Koriander
Pfeffer, weiß

Schälrippchen chinesisch
Chili

Türkische Hackbällchen
Chili, Ingwer
Paprikaschoten
Kardamom
Kreuzkümmel
Kurkuma

Pfeffersteak Pfeffer, weiß
Pfeffer, schwarz
Piment

Kalbsfuß in Sülze

1. 1 Kalbsfuß, ca. 1,5 kg schwer
   (ergibt ca. 500 g Fleisch)
   so viel Wasser, daß man ihn damit bedecken kann
   1 TL Salz
   1 Zwiebel, in Ringe geschnitten
   125 ml Rotweinessig
   1 TL Senfkörner
   5 Pfefferkörner
   5 Lorbeerblätter
   5 Gewürznelken
2. 5 Gewürzgurken, in Stifte geschnitten

Den Kalbsfuß waschen, mit dem kalten Wasser und den Gewürzen aufsetzen, weichkochen. Das Fleisch vom Knochen lösen, fein zerschneiden. Mit einem Teil des Suds knapp bedecken. Nochmals 1/2 Std. kochen.
Das Fleisch abseihen, die Gewürzgurken dazugeben. Alles in ein Gazetuch binden, das Paket in eine Kastenform legen. Mit dem Sud bedecken. 24 Std. stehen lassen. In Scheiben geschnitten zu frischem Bauernbrot servieren.

Kalbsragout in Gewürzsauce

1. 3 EL Olivenöl
   600 g Kalbsragout
   1 Zwiebel, in Ringe geschnitten
2. 100 ml Fleischbrühe
   Pfeffer
   1 Msp. Zimt
   5 Gewürznelken
3. 1 EL Tomatenpüree
   2 EL Wasser
   1/2 TL Zucker
4. ev. Salz

Das Öl erhitzen, das Fleisch darin kräftig anbraten, dann die Zwiebel beigeben. Alles gut durchbraten. Mit der Fleischbrühe ablöschen, die Gewürze beigeben. Das Tomatenpüree mit dem Wasser verrühren, den Zucker beigeben. Zusätzlich noch soviel Fleischbrühe beigeben, daß das Fleisch damit bedeckt ist. Zugedeckt ca. 1/2 Std. garen.
Teigwaren dazu servieren.

Rostbraten

1. 2 EL Sonnenblumenöl
   1 kg Rindfleisch aus dem Rücken, in Scheiben geschnitten
2. 2 Knoblauchzehen, gepreßt
   4 große Zwiebeln, geviertelt
   2 Lorbeerblätter
   500 ml trockener Rotwein
   500 ml Fleischbrühe
   1 Zitrone, Schale mit dem Sparschäler weggeschnitten,
   Fruchtfleisch in Schnitze geschnitten
   einige Pfefferkörner
   2 Gewürznelken
   Muskat
   Salz
3. 2 EL Sonnenblumenöl
   3 EL Mehl
   1 Zitrone, Schale in feine Streifen geschnitten, Fruchtfleisch in Würfel geschnitten

Das Öl in einer Kasserolle erhitzen, die Fleischstücke darin scharf anbraten. Die Zutaten von 2. beigeben. Zugedeckt ca. 2 Std. schmoren lassen. Dann die zweite Ölportion erhitzen, das Mehl darin braun rösten. Die Fleischstücke aus der Sauce nehmen. Diese abseihen und damit das geröstete Mehl ablöschen. Ev. noch mehr Brühe beigeben. Zitronensaft und -schale beigeben, nachwürzen.
Zu Kartoffelpüree oder Polenta servieren.

Kaninchen mit Koriander

1. 2 EL Butterfett
   1 Kaninchen, vom Metzger in 8 Teile geschnitten
   2 Zwiebeln, in Ringe geschnitten
   4 Tomaten, enthäutet, in Schnitze geschnitten
   1 Bund Petersilie, fein gehackt
2. 2 EL Korianderkörner, im Mörser zerstoßen
   500 ml trockener Rotwein
   Salz, Pfeffer

Das Fett in einer Kasserolle erhitzen, die Kaninchenteile darin ringsum goldbraun anbraten. Warmstellen. Im gleichen Fett die restlichen Zutaten von 1. dämpfen. Das Fleisch wieder dazugeben, Koriander darüberstreuen, mit dem Wein ablöschen. Zugedeckt 1½ Std. auf kleiner Flamme schmoren lassen. Mit Salz und Pfeffer abschmecken. Zu Polenta oder Kartoffelpüree servieren.

Schälrippchen chinesisch (Schweinsbrustspitz Spareribs)

1. ca. 5 Knoblauchzehen, geschält, gepreßt
   2 TL Chilipulver (oder 5 frische Chilischoten)
   150 ml Chutney (Mango, Apfel oder grüne Tomate)
   1 EL Zucker
   1 TL Speisestärke (Maizena, Mondamin)
   3 EL trockener Sherry (original wäre Reiswein)
   2 EL Sojasauce, wenn möglich helle
   ½ TL Salz

2. 1,5 kg Schälrippchen
3. 1 Bund Frühlingszwiebeln, in Ringe geschnitten

Die Zutaten von 1. im Mixer pürieren, über die Schälrippchen gießen. Diese über Nacht – besser noch länger – marinieren, dabei öfters umrühren. Den Backofen auf 200°C vorheizen. Das Fleisch auf den Bratrost legen, eine Auffangschale darunterschieben. In diese etwas Wasser geben. (So spritzt das eventuell herabtropfende Fett nicht und brennt nicht an.) Während des Bratens (ca. 30 Min.) das Fleisch mehrmals mit der verbliebenen Marinade bestreichen.
Auf einer gut vorgewärmten Platte anrichten und mit den rohen Zwiebelringen garnieren.

Türkische Hackbällchen mit scharfer Sauce

Bällchen:

1. 2 Zwiebeln, fein gehackt
   5 Knoblauchzehen, gepreßt
   1 TL Chilipulver
   3 TL Ingwerpulver (oder 1 daumengroßes Stück frischen Ingwer, geraffelt)
   5 EL Petersilie, fein gehackt
   2 Paprikaschoten, fein geschnitten
   Salz
2. 600 g mageres Rindfleisch gehackt
   1 EL Speisestärke (Mondamin, Maizena)
3. 3 EL Olivenöl

Sauce:

4. 2 EL Olivenöl
   2 Zwiebeln, fein gehackt
   5 Knoblauchzehen, gepreßt
5. 1 TL Kardamom
   ½ TL Kreuzkümmel
   3 TL Ingwerpulver (oder 1 daumengroßes Stück frischen Ingwer, geraffelt)
   1 TL Kurkuma-Pulver
6. 2 Tomaten, geschält, zerschnitten
   2 Paprikaschoten, fein geschnitten
   6 EL Joghurt
   3 EL Petersilie, fein gehackt
7. 400 ml Wasser

Die Zutaten von 1. miteinander vermengen (ev. im Mixer).
Das Fleisch beigeben.
Die Speisestärke darüberstreuen.
Alles gut durchkneten.
Kaltstellen.
Entweder im Öl von 3. in der Bratpfanne braten oder grillen.
Das Öl von 4. erhitzen, die Zwiebeln und den Knoblauch andämpfen. Die Gewürze beifügen. Köcheln lassen, bis die Sauce bräunlich geworden ist (ca. ½ Std.), ev. noch etwas Wasser nachgießen.
Die Zutaten von 6. dazugeben.

Pfeffersteak

1. 2 EL weiße Pfefferkörner, grob zerstoßen
   2 EL schwarze Pfefferkörner, grob zerstoßen
   4 Pimentkörner, grob zerstoßen
2. 4 Rindersteaks zu je ca. 150 g
3. 2 EL Butterfett
   ½ TL Salz
   2 EL Cognac
   1 Zwiebel, fein gehackt
   100 ml Fleischbrühe
   1 EL Tomatenpüree
   ½ TL Worchestersauce
4. 2 EL Kräuterbutter

Den Backofen auf 250°C vorheizen, dabei eine eingeölte feuerfeste Form für die Steaks schon in den Ofen stellen. Die Steaks mit den zerstoßenen Gewürzen einreiben. Das Fett in einer Bratpfanne erhitzen, die Steaks darin auf jeder Seite ca. 3 Min. braten, mit dem Salz bestreuen. Den Cognac darübergießen. Das Fleisch in den Ofen geben. (Der Ofen muß 250°C heiß sein, ebenfalls die feuerfeste Form). Je nach gewünschter Bratzeit (blutig, medium, durchgebraten) 3 – 6 Minuten im Ofen belassen, herausnehmen und auf einem vorgewärmten Teller zugedeckt 5 Minuten ruhen lassen.
Unterdessen in der Bratpfanne die Zwiebel im gleichen Fett glasig dünsten. Die Fleischbrühe zugeben, Tomatenpüree und Worchestersauce dazurühren, köcheln lassen, bis die Sauce etwas eingedickt ist (ca. 5 Min.). Die Kräuterbutter dazurühren.
Die Sauce separat zum Fleisch servieren.
Diese Zubereitungsart mag zwar kompliziert erscheinen, sie hat aber den Vorteil, daß das Fleisch viel saftiger bleibt, als wenn man es bloß in der Bratpfanne zubereitet (unsere Großmütter wußten das eben!).

Desserts

Vanilletorte

Zimt

Vanille

Gewürzreis

Gewürznelken

Zimt

Safran

Gepfefferte Erdbeeren

Pfeffer, grün

Pfeffer, schwarz

Gewürzaprikosen

Ingwer

Gewürznelken

Zimt

Zimtparfait

Zimt

Kirschkuchen

Zimtpulver

Nelkenpulver

Vanilletorte, Rezept s. Seite 128

Vanilletorte

Teig:

1. 250 g Weißmehl (Typ 405)
   2 EL kalte Butter in Flöckchen geschnitten
2. 1 Ei
   2 EL Zucker
   1 TL Bourbon-Vanille
   ca. 3 EL kalte Milch

Crème:

3. 500 ml Milch
   1 Zimtstange
   abgeriebene Schale einer halben Zitrone
   3 EL Zucker
4. 2 EL Maisstärke (Mondamin, Maizena)
   1 TL Bourbon-Vanille
   3 EL Rahm
   3 Eigelb, gut verquirlt
5. 2 EL Milch

Mehl und Butter zusammen verreiben. Die Zutaten von 2. vermengen und nach und nach dazugeben. Alles zu einem kompakten Teig kneten und diesen über Nacht kaltstellen.
Die Zutaten von 3. erhitzen, 3 Min. köcheln, beiseite stellen.
Die Zutaten von 4. in einer Schüssel miteinander vermengen. Die Zimtstange aus der Milch entfernen. Ca. 250 ml davon zur Eigelb-Maisstärkemasse mengen. Alles zurück in den Kochtopf geben, bis knapp vor den Siedepunkt bringen. Es muß eine dicke Crème entstehen. Diese abkühlen. Gelegentlich umrühren.
Den Ofen auf 200°C vorheizen. Mit der Hälfte des Teigs einen Springformboden (20 cm Durchmesser) belegen (Rand hochziehen). Den zweiten Teigteil so groß ausrollen, dass man damit die Torte bedecken kann. Einen Teigrest zurückbehalten. Die Crème auf den Tortenboden geben, mit dem Teigdeckel bedecken. Aus den Teigresten Verzierungen (Streifen, Herzchen, Blättchen) anbringen (kann man mit etwas vom zurückgebliebenen Eiweiß «ankleben»). Mit der Milch bestreichen. 25 Min. backen.

PS. Die Zutaten von 3. und 4. und den entsprechenden Rezeptteil kann man in allen Fällen verwenden, wo man einen Vanillepudding oder – mit nur 1 EL Stärkemehl – eine Vanillesauce braucht.

Gewürzreis

1. 100 g Butter
   300 g Reis
2. 2 Gewürznelken
   ½ Zimtstange
   1 Prise Salz
   soviel Wasser, daß der Reis damit bedeckt ist
3. 1 Briefchen Safran
   2 EL heißes Wasser
4. 100 g Butter
   50 g Mandeln, geschält, grob gehackt
   50 g Pistazien, geschält
   50 g Erdnüsse, geschält
5. 2 EL Zucker
   100 g Sultaninen

Die Butter von 1. zergehen lassen, den Reis darin glasig dämpfen. Die Gewürze von 2. und das Wasser beigeben. Zudecken, ca. 20 Min. auf der ausgeschalteten Kochplatte ziehen lassen. Safran im Wasser auflösen, beigeben.
Die Butterportion von 4. erhitzen, die Nüsse darin goldbraun rösten und mit den Zutaten von 5. unter den Reis mengen. Vor dem Servieren Nelken und Zimt entfernen.

Gepfefferte Erdbeeren

1. 500 g Erdbeeren, gewaschen, geputzt, je nach Größe in Viertel oder Hälften geschnitten
   2 – 3 EL Zucker
2. 1 – 2 EL grüne Pfefferkörner (oder 2 TL grob gemahlener schwarzer Pfeffer)
   einige Pfefferminz- oder Zitronenmelisse-Blätter

Die Erdbeeren mit dem Zucker vermengen. 1/2 Std. kaltstellen. In Portionenschalen anrichten. Den Pfeffer darübergeben. Mit den Kräuterblättern garnieren.

Gewürzaprikosen

1. 12 schöne, ganz reife Aprikosen, gewaschen
   12 Mandeln, geschält
2. 2 daumengrofle Stücke Ingwerknolle, in Würfel geschnitten
   3 Gewürznelken
   1/2 Zimtstange
   ca. 250 ml Weinbrand

Die Aprikosen so halbieren, daß die Teile noch zusammenhängen, den Kern entfernen und durch je eine Mandel ersetzen. Abwechslungsweise mit den Zutaten von 2. in ein Glas schichten. So viel Weinbrand darübergießen, daß die Früchte bedeckt sind, das Glas verschließen. Ca. zwei Wochen ziehen lassen. Zu kurzgebratenem Fleisch oder Wild servieren.

Gepfefferte Erdbeeren

Zimtparfait

1. 400 g Zwetschgen, entsteint, frisch oder aus dem Glas
   250 ml Wasser
   2 EL Zucker
   1 TL Zimtpulver
2. 200 g Butterkekse (petit beurre)
   100 g Butter, zimmerwarm
   1 EL Zucker
3. 2 Eier
   1 EL Zucker
   abgeriebene Schale einer ungespritzten Zitrone
   ev. 2 EL Zwetschgenwasser oder Cognac
4. 5 Blätter Gelatine
   4 EL Wasser

5. 250 ml Rahm
6. 125 ml Rahm
   einige schöne Zwetschgenhälften
   einige geschälte Mandeln

Die Zutaten von 1. 5 Min. kochen. Mit dem Stabmixer pürieren. Abkühlen.
Die Butterkekse fein zerstoßen. Mit den übrigen Zutaten von 2. vermengen. Die Hälfte davon in eine mit Backpapier ausgelegte Kastenform einfüllen, glattstreichen. Im Tiefkühler hart werden lassen.
Die Eier trennen. Die Eigelb mit dem Zucker verrühren. Restliche Zutaten von 3. und das Zwetschgenmus beigeben.
Die Gelatine in etwas kaltem Wasser einweichen. Im kochenden Wasser von 4. auflösen. Eiweiß und Rahm von 5. ganz steif schlagen.
Zuerst die Gelatine, dann den Rahm und schließlich das Eiweiß zum Zwetschgenmus rühren. Alles in die Kastenform füllen. Glattstreichen. Wiederum ½ Std. hart werden lassen.
Die zweite Hälfte des Biskuitteigs darübergeben, glattstreichen. Über Nacht im Tiefkühler erstarren lassen.
Vor dem Servieren stürzen, das Papier entfernen, das Parfait in 1 cm dicke Scheiben schneiden. Den Rahm von 6. steif schlagen. Die Parfaitscheiben damit und mit den Zwetschgenhälften oder den geschälten Mandeln garnieren.

Kirschkuchen

1. 400 g Zwieback
   750 ml Milch
2. 125 g Butter
   100 g Zucker
   4 Eigelb
3. 100 g Haselnüsse, gemahlen
   ½ TL Zimtpulver
   ½ TL Nelkenpulver
   2 EL Kirschwasser
   ca. 500 g Kirschen (ev. entsteint)
4. 4 Eiweiß, steif geschlagen
5. 2 EL Paniermehl

Den Backofen auf 200°C vorheizen.
Den Zwieback zerbröseln. Die Milch aufkochen und über den Zwieback gießen. 10 Min. stehen lassen. Die Zutaten von 2. schaumig rühren. Die Zutaten von 1. und 3. beigeben. Den Eischnee darunterheben.
Alles in eine bebutterte, mit Paniermehl bestreute Springform von 26 cm Durchmesser füllen. 1 Std. backen. Im Ofen erkalten lassen.

Eingemachtes

Senffrüchte Senf, Ingwer

Orientalische Kürbiskonfitüre

Zimt, Nelken

Kardamom

Koriander, Sternanis

Ingwergelee Ingwer

Apfelchutney Zimt, Nelken, Chili

Zucchinikonfitüre

Sternanis

Muskatblüte

Nelkenpulver

Weihnachtskonfitüre

Zimt, Nelken

Feigen in Madeira oder Portwein

Gewürznelken, Zimt

Muskatblüte

Pflaumen in Rotwein

Zimt, Nelken

Süß-sauer eingelegte Gurken

Zimt, Pfeffer

Lorbeer, Nelken

Ingwer, Senf

Senffrüchte, Rezept s. Seite 136

Senffrüchte

1. 1 l trockener Weißwein
   1 l Weißweinessig
   1 kg Zucker
2. 500 g feste, säuerliche Äpfel, geschält, geviertelt, Kerngehäuse entfernt
   500 g feste Birnen, geschält, geviertelt, Kerngehäuse entfernt
   500 g Orangen, gewaschen, mit der Schale in Schnitze zerteilt
3. 500 g Zwetschgen oder Pflaumen, entsteint
   100 g Weinbeeren
4. 100 g frischer Ingwer, in Scheiben geschnitten
5. 4 EL Senfpulver

Einen Topf mit möglichst großem Bodendurchmesser verwenden. Die Zutaten von 1. aufkochen und köcheln lassen, bis sich der Zucker aufgelöst hat. Auf einer Schaumkelle die Früchte von 2. sorgfältig dazulegen. 10 Min. köcheln, dann die Zutaten von 3. beigeben. 5 Min. köcheln, dann die Ingwerscheiben darüberstreuen. Noch 1 Min. köcheln. Mit der Schaumkelle die Früchte aus dem Sud heben und in heiß ausgespülte Schraubdeckel- oder Sterilisiergläser füllen. Den Sud bei starker Hitze ca. 20 Min. einkochen. Das Senfpulver dazurühren. Den Sirup auskühlen lassen und über die Früchte verteilen. Sie müssen ganz damit bedeckt sein. Die Gläser sofort verschließen. Trocken, kühl und dunkel aufbewahren.

Orientalische Kürbiskonfitüre

1. 1 kg Kürbisschnitzel
   500 g Zucker
2. 500 g Gelierzucker
   1 Geliermittel
3. Saft und Schale von 2 Zitronen
   1 Zimtstengel*)
   2 Gewürznelken
   ½ TL Kardamom, gemahlen
   1 TL Koriander, gemahlen
   ½ TL Sternanis, gemahlen

Die Zutaten von 1. miteinander vermengen und über Nacht stehen lassen. 30 Min. kochen. Abkühlen.
Die Zutaten von 2. zuerst miteinander vermengen, dann zum Kürbismus geben. 2 Min. sprudelnd kochen. Die Gewürze beigeben. Nochmals kochen bis zur Gelierprobe (ca. weitere 4 Min.). Zimtstengel entfernen. Sofort in heiß ausgespülte Gläser mit Schraubdeckel füllen.

*) Natürlich kann man auch Zimtpulver beigeben. Die Farbe bleibt aber schöner mit dem unzerkleinerten Gewürz.

Ingwergelee

1. 1 l Apfelsaft (Süßmost)
   Schale und Saft einer Zitrone
   Schale und Saft einer Orange
   100 g frischer Ingwer,
   fein geraffelt (ca. 4 EL)
2. 800 g Zucker
   1 Geliermittel

Die Zutaten von 1. in einem möglichst breiten Kochtopf aufkochen. Die Zutaten von 2. miteinander vermengen, zugeben. Bis zum Gelieren kochen (ca. 5 Min.). Sofort in heiß ausgespülte Gläser mit Schraubdeckel abfüllen.

Falls man größere Quantitäten einkochen will: es empfiehlt sich, die pro Mal verwendete Menge nicht zu erhöhen. Das Gelee wird sonst nicht fest.

Apfelchutney

2 kg Äpfel, geschält, Kerngehäuse entfernt, in Scheibchen geschnitten
500 g Zwiebeln, fein gehackt
500 g Rosinen
1 l Weißweinessig
400 g Zucker
1 TL Nelkenpulver
1 TL Zimtpulver
1 EL Salz
ev. etwas Chilipulver

Essig, Zucker, Gewürze und Salz miteinander in einem Emailkochtopf aufkochen. Äpfel, Zwiebeln und Rosinen beigeben. Auf kleinstem Feuer zu einem Mus kochen. Dabei oft umrühren, damit das Chutney nicht anbrennt. Heiß in Schraubdeckelgläser abfüllen. An einem dunklen, kühlen Ort aufbewahren.

Zucchinikonfitüre

1. 1 kg Zucchini, geschält, grob geraffelt
   (mit der Röstiraffel)
   ½ TL Sternanis, gemahlen
   ½ TL Muskatblüte, gemahlen
   1 Msp. Nelkenpulver
   Saft und Schale von 1 Zitrone
2. 1 kg Zucker
   Geliermittel für 1 kg Früchte

Die Zucchinischnitzel mit den Gewürzen im Kochtopf vermengen. Die Zutaten von 2. nach Gebrauchsanweisung für das Geliermittel dazugeben. Sprudelnd kochen (ca. 6 Min.). Gelierprobe machen.
Sofort in heiß ausgespülte Gläser einfüllen. Sofort verschließen. Auf dem Kopf stehend auskühlen lassen.
Achtung: Mit weniger Zucker gekochte Zucchinikonfitüre wird sehr schnell schimmlig!

Weihnachtskonfitüre

1. 1 kg Kirschen oder Pflaumen
   (ohne Kerne resp. Steine gewogen)
   500 g Zucker
2. Saft und Schale von 2 Zitronen
   ½ TL Zimtpulver
   1 Msp. Nelkenpulver
3. 250 g Zucker
   1 Geliermittel

Die Zutaten von 1. miteinander vermengen. Über Nacht stehen lassen. Die Zutaten von 2. beigeben. 10 Min. kochen, alles mit dem Stabmixer pürieren.
Die Zutaten von 3. miteinander mischen. Erst dann zur Konfitüre geben. Bis zum Gelieren sprudelnd kochen (ca. 3 Min.) Sofort in heiß ausgespülte Gläser mit Schraubdeckel füllen. Auf dem Kopf stehend auskühlen lassen.

Feigen in Madeira oder Portwein

1. 1 kg reife Feigen, gewaschen,
   der Länge nach halbiert
2. 250 ml Apfelessig
   250 ml Madeira oder Portwein
   125 g Zucker
   4 Gewürznelken
   ½ Zimtstange
   1 Msp. Muskatblüte

Die Feigen in ein Glas schichten. Die Zutaten von 2. zehn Minuten kochen, über die Früchte seihen. Sie müssen ganz vom Sud bedeckt sein. Ev. noch mehr Süßwein beigeben. Mindestens 8 Wochen lagern.
Zu Wild oder Pasteten und Terrinen servieren.

EIHNACHTS
ONFITÜRE
KÜRBIS
KONFITÜRE
INGWER
ELÉE

Süß-sauer eingelegte Gurken

1. 1 kg Gurken, gewaschen, geschält, in fingerlange Stücke geschnitten
2. 300 ml Weißweinessig
   200 ml Weißwein
   500 g brauner Zucker
3. 1 Zimtstengel
   5 Pfefferkörner
   2 Lorbeerblätter
   3 Nelken
   1 fingergroßes Stück Ingwer, geschält (oder 1 EL Ingwerpulver)
   Schale einer Zitrone
4. 2 EL gelbes Senfpulver

1. Tag: Die Gurkenschnitzel in einen Steinguttopf schichten. Die Zutaten von 2. miteinander aufkochen und so lange kochen, bis sich der Zucker aufgelöst hat, dann die Gewürze (3.) beigeben. Einige Min. köcheln, dann über die Gurken gießen (sie sollen ganz damit bedeckt sein, ev. noch etwas Wein zugeben).

2. Tag: Den Saft abseihen, aufkochen, 5 Min. köcheln lassen, abkühlen lassen, wieder über die Gurken geben.

3. Tag: Saft und Gemüse in einem weiten Kochtopf aufsetzen. So lange köcheln lassen, bis die Gurken leicht glasig sind. Sie müssen aber immer noch «Biß» haben. Die Gurkenstücke mit der Schaumkelle aus dem Sud heben und in mit heißem Wasser ausgespülte Schraubdeckel- oder Sterilisiergläser schichten. In jedes Glas auch ein Stück der Zitronenschale legen. Dem Saft das Senfpulver beigeben, alles zu Sirupkonsistenz kochen und über die Gurken geben. Sie sollten damit ganz bedeckt sein. Verschließen, kühl und trocken aufbewahren.

Pflaumen in Rotwein

1. 1 l trockener Rotwein
   4 EL Zucker
   1 Zimtstange
   8 Gewürznelken
2. 500 g getrocknete, entsteinte Pflaumen

Die Zutaten von 1. miteinander aufkochen, 5 Min. köcheln lassen. Die Pflaumen beigeben. Auf kleinster Flamme ca. 1 Std. quellen lassen. Die Früchte mit der Schaumkelle aus dem Sud nehmen und in Sterilisiergläser verteilen. Den Sud zum Sirup einkochen, über die Früchte verteilen. (Gegebenenfalls mit etwas Zuckersirup aus 100 g Zucker und 50 ml Wasser, den man kocht, bis sich der Zucker aufgelöst hat, ergänzen). Die Früchte müssen ganz mit dem Sirup bedeckt sein. Gut verschließen.

Zu Zimtparfait oder zu Wildgerichten.

Süß-sauer eingelegte Gurken, Apfelchutney und Pflaumen in Rotwein

Flüssiges

Ketchup	Zimt, Piment,
	Senf
Gewürzöle:	
scharf	Chili
mittelscharf	Pfeffer, Piment
	Lorbeer
Likör aus grünen Walnüssen	
	Gewürznelken, Zimt
Orangensirup	Vanille
Beerenlikör	Sternanis, Vanille
	Kardamom,
	Koriander, Zimt,
	Nelken, Ingwer,
	Piment, Muskatblüte
Glühwein	Zimt
	Nelken, Muskat
Kaffeelikör	Zimt
Gewürzessig:	
scharf	Pfeffer, Piment, Chili
orientalisch	Ingwer, Zimt
arabisch	Sternanis

Ketchup, Rezept s. Seite 144

Ketchup

1. 2 kg vollreife Tomaten. Stielansatz entfernt, in Schnitze geschnitten
   3 große Zwiebeln, fein gehackt
   3 Knoblauchzehen, gepreßt
2. 250 ml Weißwein- oder Apfelessig
   300 g Zucker
   1 EL Salz
3. 1 TL Zimt, gemahlen
   1 TL Piment, gemahlen
   1 EL Senfpulver (Apotheke)

Die Zutaten von 1. aufkochen, gut umrühren, ca. 1/4 Std. köcheln lassen. Das entstandene Mus durch ein Sieb (Passe-vite, Flotte Lotte) streichen.
Die Zutaten von 2. separat aufkochen. Kochen, bis sich der Zucker ganz aufgelöst hat. Die Zutaten von 3. beigeben. Alles mit dem Tomatenmus mischen und ca. 1 1/2 Std. köcheln lassen. Sofort in heiß ausgespülte, gut verschließbare Flaschen abfüllen.
Kühl und trocken gelagert 1 Jahr haltbar.

Zu Grilladen, kurzgebratenem Fleisch
und – natürlich – zu Pommes frites.

Gewürzöle

scharf (Piri-Piri-Öl)

Je nach gewünschter Schärfe
20 – 40 getrocknete Chilischoten
knapp 1 l Olivenöl

Die Schoten in eine dunkle, gut verschließbare 1-Liter-Flasche füllen. Das Öl beigeben. An einem kühlen, dunklen, trockenen Ort aufbewahren. Nach Verwendung jeweils mit frischem Öl wieder auffüllen.

Zu gebratenem Geflügel.

mittelscharf

1. 1 EL schwarze Pfefferkörner
   1 EL weiße Pfefferkörner
   1 EL Pimentkörner
   3 Lorbeerblätter
2. knapp 1 l Olivenöl

Die Zutaten von 1. in einem Mörser grob zerstoßen. In eine dunkle 1-Liter-Flasche füllen. Das Öl beigeben. 2 Wochen an einem dunklen Ort stehen lassen. Abseihen. Kühl und trocken aufbewahren.

Zu gebratenem Geflügel und Meerfisch.

Likör aus grünen Walnüssen

1. 20 große oder 30 kleine grüne Walnüsse, wie sie um den Johannistag (24. Juni) vom Baum fallen, waschen, entzwei schneiden oder vierteln.
   Wenn es nicht genau der Johannistag ist: man kann die Nüsse für Ratafià verwenden, solange die braune Schale noch nicht hart und holzig geworden ist.
   8 Gewürznelken
   2 Zimtstangen
   Schale (nur das Gelbe) einer Zitrone
   900 ml Grappa
2. 400 g Zucker
   200 ml Wasser

Die Zutaten von 1. in eine weiße 1-Liter-Flasche geben. Gut verschlossen 3 – 4 Wochen an der Sonne stehen lassen. Täglich schütteln. Durch ein angefeuchtetes Filtriertuch in eine große Schüssel abseihen.
Die Zutaten von 2. miteinander aufkochen und solange köcheln lassen, bis der Sirup klar ist. Ev. abschäumen. Abkühlen.
Mit dem Likör vermengen. In ganz saubere, heiß ausgespülte, dunkle Flaschen füllen. Gut verschließen. Bis Weihnachten lagern.

Orangensirup

1. 1 l frisch gepreßter Orangensaft
   200 ml frisch gepreßter Zitronensaft
   1 Vanillestange, der Länge nach aufgeschnitten
2. 500 g Zucker

Die Zutaten von 1. aufkochen, 10 Minuten köcheln lassen. Die Vanillestange auskratzen, die Kerne zum Saft geben. Den Zucker beifügen. Nochmals 2 Min. köcheln (bis sich der Zucker ganz aufgelöst hat). Sofort in heiß ausgespülte, gut verschließbare Flaschen einfüllen. Zum Trinken mit Wasser oder Sekt verdünnen.

Beerenlikör

400 g Beeren*)
ca. 500 ml Obst- oder Beerenwasser**)
5 Sternanis und 1/2 Vanillestange, der Länge nach aufgeschnitten
(oder 1 TL Kardamom und 1 TL Koriander)
(oder 1/2 Zimtstange und 8 Nelken)
(oder 2 daumengroße Stücke Ingwer)
(oder 1 TL Piment und 8 Gewürznelken)
(oder 5 Sternanis und 1 TL Muskatblüte)
(oder 1 EL Anis)
Schale einer Orange, nur das Äußere (schmeckt bei allen Varianten gut)
250 g weißer Kandiszucker

Alle Zutaten in eine Weithalsflasche füllen. Gut verschließen. 10 Tage an der Sonne stehen lassen. Abseihen. (Die Beeren können als Beilage z.B. zu Eiscreme verwendet werden.) Den Likör in passende Flaschen umfüllen. Vor Gebrauch mindestens 2 Monate lagern.

*) schwarze Johannisbeeren oder Himbeeren, Brombeeren, Heidelbeeren oder Jostabeeren

**) Obstler oder Himbeergeist, Williamine, Kirsch- oder Zwetschgenwasser

HEIDELBEER
LIKÖR

Glühwein

1 l trockener Rotwein
500 ml Wasser
400 g brauner Kandiszucker
$1/2$ Zimtstange
2 Gewürznelken
1 Prise Muskatnuß
Schale einer Orange
Saft einer halben Orange
Schale einer Zitrone
Saft einer halben Zitrone

Alle Zutaten knapp zum Kochen bringen, Zimtstange, Nelken und Fruchtschalen entfernen und möglichst heiß servieren.

Kaffeelikör

1. 250 ml Wasser
   1 Zimtstange
   250 g Zucker
2. 200 ml ganz starker Kaffee
   500 ml weißer Rum

Wasser, Zimt und Zucker ca. $1/4$ Stunde kochen, auskühlen lassen, die Zimtstange entfernen. Die Zutaten von 2. miteinander vermengen, zum Zuckersirup geben. Gut durchmischen. In eine gut verschließbare Flasche abfüllen und vor Gebrauch mindestens 2 Monate lagern.

Glühwein

Gewürzessig

scharf

1. 1 EL weißer Pfeffer
   1 EL schwarzer Pfeffer
   1 TL Pimentkörner
   1 getrocknete Chilischote
2. knapp 1 l Weißweinessig

Die Zutaten von 1. in einem Mörser grob zerstoßen. In eine weiße 1-Liter-Flasche füllen.
Den Essig dazugeben.
2 Wochen stehen lassen, abseihen, anschreiben.

Orientalisch

1. 2 ca. 5 cm lange Stücke frischer Ingwer, geschält
   2 – 3 Zimtstangen
2. knapp 1 l Weißweinessig

Zubereitung siehe oben.

Arabisch

1. 5 Stengel frische Pfefferminze
   10 Körner Sternanis
2. knapp 1 l Weißweinessig

Zubereitung siehe oben.

Tropfenweise zu gebratenem Fleisch oder Geflügel.

GEWÜRZ ESSIG ORIENTALISCH
GEWÜRZÖL SCHARF
GEWÜRZÖL MITTELSCHARF

Gebäck

Kreuzkümmelbrötchen

Kreuzkümmel

Gewürzbrot

Kümmel

Koriander, Fenchel

Anis, Kardamom

Kardamom- oder Korianderecken

Kardamom, Koriander

Vanillestängeli

Vanilleschoten

Ingwer-Plätzli

Ingwer

Nelken-Bögli

Nelkenpulver

Badener Chräbeli

Anis

Gewürzkugeln

Zimt, Nelkenpulver

Muskatgebäck

Muskatnuß, Zimtpulver

Nelkenpulver

Kreuzkümmelbrötchen, Rezept s. Seite 154

Kreuzkümmelbrötchen

1. 2 Eier
   2 TL Zucker
   100 g Butter, weich
2. 2 EL Kreuzkümmel, gemahlen
   1/2 TL Salz
3. 150 ml Milch
   310 g Weißmehl (Typ 405)
   1 Briefchen Backpulver

Die Zutaten von 1. miteinander gut verrühren. Kümmel und Salz beigeben, zu einer homogenen Masse rühren. Die Zutaten von 3. abwechslungsweise beigeben und alles zu einem kompakten Teig verarbeiten.
Backofen auf 180°C vorheizen. Eßlöffelgroße Teigportionen zu Bällchen formen. Diese auf ein gefettetes Backblech legen und ca. 20 Min. backen. Möglichst noch heiß servieren.

Gewürzbrot

1. 1 kg Weizenmehl Typ 1050 (Ruchmehl)
2. 1 Hefewürfel
   100 ml Wasser
3. 1 EL Salz
   1 gestr. EL Kümmel
   1 TL Koriander
   1/2 TL Fenchel
   1/2 TL Anis
   1 Msp. Kardamom, gemahlen *)
4. 450 ml Wasser
5. 1 EL Mehl

Das Mehl in eine Schüssel sieben. In der Mitte eine Vertiefung machen. Die Hefe im Wasser auflösen.
Dieses Gemisch in die Vertiefung geben. Etwas Mehl dazurühren. 15 Min. stehen lassen (Vorteig).
Die Zutaten von 3. dem Schüsselrand entlang beigeben. Alles gut vermengen. Das Wasser (4.) nach und nach einarbeiten – zuerst mit dem Backhorn (Teigschaber), dann am besten mit den Händen. Auf einer trockenen Arbeitsfläche etwa 10 Min. durchkneten. Den Teig zu einer Kugel formen und in die Schüssel zurücklegen. Mit einem feuchten Tuch bedeckt an einem warmen Ort 2 Std. gehen lassen.
Den Teig erneut durchkneten, zu einer Kugel formen und in zwei möglichst gleich große Stücke teilen. Diese zu runden oder länglichen Laiben formen.
Auf ein gefettetes oder mit einem Backpapier belegtes Kuchenblech legen. Nochmals mit dem feuchten Tuch bedeckt 1/2 Std. gehen lassen. Den Backofen auf 220°C (Umluft-Ofen auf 200°C), Gas-Ofen auf Stufe 4 – 5 vorheizen.
Die Brote mit dem Mehl (mit Hilfe eines Milchsiebs, das man leicht anklopft) bestreuen, dann kreuz und quer einschneiden.
1 Std. backen. Die Laibe umdrehen. Nochmals 15 Min. backen.

*) Die fertige Gewürzmischung kann bestellt werden bei „El Boteghin“ CH-6635 Gerra Verzasca, Tel. 091 746 12 84/Fax 091 746 15 15. Preis Fr. 8.80/DM 9.90. Versand auch von Deutschland aus.

Abbildung Seite 166/167

Kardamom- oder Korianderecken

1. 200 g zimmerwarme Butter
2. 125 g Zucker
   1 Eigelb
3. 300 g Mehl
4. 1/2 TL gemahlener Kardamom oder gemahlener Koriander
   1 gestr. TL Backpulver
   1 Prise Salz

Die Butter schaumig rühren. Die Zutaten von 2. beigeben. Alles gut vermengen. Das Mehl darübersieben, die Zutaten von 4. ebenfalls beigeben. Alles rasch zu einem glatten Teig verarbeiten. In Plastikfolie gehüllt 1 Std. kaltstellen.
Elektro-Ofen auf 180°C, Umluft-Ofen auf 160°C, Gas-Ofen auf Stufe 3 – 4 vorheizen. Den Teig 5 mm dick ausrollen. Durch möglichst exakte Schnitte mit Lineal und einem scharfen Messer in Vierecke von 4 x 4 cm ausschneiden. Diese auf zwei gefettete oder mit Backpapier ausgelegte Kuchenbleche legen. 15 Min. backen.

Vanillestängeli

1. 300 g zimmerwarme Butter
   100 g Zucker
2 Vanilleschoten
3. abgeriebene Schale einer halben Zitrone
   2 Eier
   150 g geriebene Haselnüsse
4. 400 g Mehl
5. 2 EL Puderzucker

Die Butter mit dem Zucker schaumig rühren. Die Vanilleschoten der Länge nach aufschneiden. Die Kerne auskratzen, zum Teig geben. Die Zutaten von 3. beifügen, alles miteinander vermengen. Das Mehl darübersieben. Zuerst mit dem Kochlöffel, dann von Hand zu einem glatten Teig verarbeiten. Diesen in eine Plastikfolie gehüllt 1 Std. kaltstellen.
Elektro-Ofen auf 180°C, Umluft-Ofen auf 160°C, Gas-Ofen auf Stufe 3 – 4 vorheizen.
Den Teig portionenweise in ca. 1 cm dicke Rollen formen. Jeweils ca. 4 cm lange Stücke davon abschneiden. Diese auf ein gefettetes oder mit Backpapier ausgelegtes Kuchenblech legen. 15 Min. backen. Noch warm mit Puderzucker bestäuben.

Ingwer-Plätzli

1. 100 g zimmerwarme Butter
   100 g flüssiger Honig
   2 Eier
   1 Prise Salz
   abgeriebene Schale einer Zitrone
2. 100 g geriebene Mandeln
3. 270 g Mehl
4. 100 g kandierter Ingwer
   2 EL Wasser
5. 2 Eiweiß

Die Zutaten von 1. In eine Schüssel geben und miteinander schaumig rühren. Die Nüsse beigeben, untermengen. Das Mehl darübersieben und mit den Händen zu einem glatten Teig verarbeiten. Den Ingwer mit dem Wasser im Mixer zerkleinern. Dem Teig beigeben. Durchkneten.
Elektro-Ofen auf 160°C, Umluft-Ofen auf 140°C, Gas-Ofen auf Stufe 3 vorheizen.
Den Teig 5 mm dick ausrollen. Mit einem Glas (Durchmesser 3 cm) Plätzchen ausstechen. Diese auf zwei mit Backpapier ausgelegte Kuchenbleche legen.
Die Eiweiß mit einer Gabel verquirlen und die Plätzchen bestreichen. 15 Min. backen.

Nelken-Bögli

1. 170 g zimmerwarme Butter
2. 3 Eigelb
3. 85 g Puderzucker
   ½ TL Nelkenpulver
   230 g Mehl
4. 1 EL Puderzucker

Die Butter schaumig rühren. Die Eigelb dazugeben, mitrühren. Die Zutaten von 3. darübersieben. Alles zu einem glatten Teig kneten. Diesen zu einer Kugel formen, in eine Plastikfolie hüllen und 1 Std. kaltstellen.
Elektro-Ofen auf 180°C, Umluft-Ofen auf 160°C, Gas-Ofen auf Stufe 3 – 4 vorheizen. Die Teigkugel vierteln. Jeden Teil auf einer leicht bemehlten trockenen Arbeitsfläche zu einer etwa 1 cm dicken Rolle ausrollen. Davon 8 cm lange Stücke abschneiden. Diese zu einem U gebogen auf zwei gefettete oder mit Backpapier belegte Kuchenbleche legen. 15 Min. backen. Mit Puderzucker bestäuben.

Badener Chräbeli
(Anisgebäck)

1. 3 Eier
   300 g Puderzucker
2. abgeriebene Schale einer Zitrone
   2 TL Kirschwasser
   1 Msp. Hirschhornsalz
   2 EL Anissamen
3. 420 g Mehl

Die Eier verquirlen, den Puderzucker dazusieben. Beides an einem warmen Ort mit dem Schneebesen während 40 Min. oder mit einer Küchenmaschine während 20 Min. schaumig rühren. Rührt man weniger lang, bekommen die „Chräbeli" keine Füßchen.
Die Zutaten von 2. beigeben, unterrühren. Das Mehl darübersieben und alles zu einem kompakten Teig verarbeiten. Diesen in vier Teile teilen. Jeden Teil zu einer fingerdicken Rolle formen. Diese werden mit Schrägschnitten in 5 cm lange Stücke getrennt, die man auf einer Seite 2 – 3 mal einschneidet. Leicht gebogen auf ein gefettetes oder mit Backpapier ausgelegtes Kuchenblech legen. Über Nacht an einem ca. 18°C warmen Ort trocknen lassen. Elektro-Ofen auf 150°C, Umluft-Ofen auf 130°C, Gas-Ofen auf Stufe 2 vorheizen. Blech in der unteren Hälfte des Backofens einschieben. 20 Min. backen.
Die Chräbeli müssen oben weißlich-gelb sein.

Gewürzkugeln

1. 4 Eiweiß
2. 1 EL Kirschwasser oder Wasser
   1/2 TL Zimtpulver
   1/4 TL Nelkenpulver
   500 g geriebene Mandeln
   100 g fein geriebene Blockschokolade (ungezuckerte Kochschokolade)
   350 g Zucker
3. 2 – 3 EL Zucker

Die Eiweiß mit einer Gabel leicht verquirlen. Die übrigen Zutaten beigeben. Alles von Hand rasch zu einem Teig kneten. Nach Belieben noch mehr Zucker beifügen. Mit einem Teller bedeckt 1 Std. kaltstellen.
Elektro-Ofen auf 125°C, Umluft-Ofen auf 100°C, Gas-Ofen auf Stufe 1 vorheizen.
Vom Teig eßlöffelgroße Stücke wegnehmen. Diese zu Kugeln rollen und in Zucker drehen. Auf ein gefettetes, mit Zucker bestreutes Kuchenblech legen. 15 Min. mehr trocknen als backen. In Praliné-Tütchen legen.

Muskatgebäck

1. 125 g Butter, weich
   125 g Zucker
   1 Ei
   abgeriebene Schale einer halben Zitrone
   1/2 TL Muskatnuß, gerieben
   1 Prise Zimtpulver
   1 Prise Nelkenpulver
2. 125 g Mehl
   125 g Paniermehl
   125 g Mandeln, gerieben
3. 1 Eigelb
4. 1 Handvoll Mandeln, blanchiert, geschält, halbiert

Die Zutaten von 1. gut miteinander verkneten. Die Zutaten von 2. mischen, über den Teig geben. Alles rasch verkneten und 2 Std. kaltstellen.
Backofen auf 200°C vorheizen. Den Teig teilen, jeden Teil zu einer Rolle von ca. 5 cm Durchmesser formen. Ca. 1/2 cm dicke Plätzchen abschneiden. Diese auf ein gefettetes Backblech legen, mit dem Eigelb bepinseln und je eine Mandelhälfte darauflegen.
Ca. 10 Min. backen.

Stichwortverzeichnis

Literaturverzeichnis

Küster, Hansjörg
Kleine Kulturgeschichte der Gewürze
Beck'sche Reihe, Ch. Beck Verlag

Bärtels, Andreas
Farbatlas Tropenpflanzen
Verlag Eugen Ulmer

Merzenich, Bernd
Gewürze – Konsequenzen des Geschmacks
Edition diA

Münzing-Ruef, Ingeborg
Kursbuch gesunder Ernährung. Küche als Apotheke der Natur
ZS-Verlag Zabert Sandmann GmbH

Valnet, Jean
Aromatherapie
(deutsch von Rudolf Kimming)
Heyne Ratgeber, Wilhelm Heyne Verlag

Dioscorides
Kräuterbuch
Deutsche Ausgabe Frankfurt a.M. 1610, Reprint 1964 by Verlag Konrad Köbel, Grünwald bei München

Hertzka, Strehlow
Küchengeheimnisse der Hildegardmedizin
Bauer Verlag, Freiburg

Danksagung

Wir danken der Firma Rössler AG, Tonwaren und Porzellanfabrik, CH-3423 Ersigen BE für die Überlassung ihrer neuen Geschirrserien «Rivera bigio», «Cavallino», «Forno», «Gastro», «Sole e Mare», «Carona».

Bezugsquellen in der Schweiz:
«Table et Cadeaux», Markus Hans AG,
Hardturmstrasse 161, 8006 Zürich
und
Villeroy & Boch, «CreaTable» AG
Bahnhofstrasse 6, 5600 Lenzburg

Prospekte und Preislisten sind direkt bei der Firma Rössler AG erhältlich